文化叢刊

液體的回憶

——水、淚、血、酒中的三次革命回憶錄

丁學良◎著

本書謹獻

Roderick MacFarquhar 馬若德 (麥克法庫爾)

Leroy B. William Professor of History and Political Science at Harvard

他最早引薦本書作者入該學府

他在西方名校首開「中國文化大革命」一課

目次

自序

這本小書原來擬名爲《三次革命回憶錄》，因爲其中所憶及的事件，都是與作者始於少年時代親身經歷過的一連串大型革命動盪有關聯——毛澤東親自發動和領導的「無產階級文化大革命」，鄧小平順勢推動和督導的「去社會主義革命」、即把中華人民共和國重新推入世界資本主義經濟體系的改革開放，以及一九八〇年代末至一九九〇年代初橫掃歐亞共產主義世界的「人民民主革命」。

但是有幾位朋友反對我原先擬訂的那個書名：「你雖然涉足這些革命，但並未當上這些革命運動中任何一個的頭頭腦腦，有什麼資格出版《革命回憶錄》之類的書？況且，冠以「革命」二字的書籍多如牛毛，比在中國革命中被砍掉的腦袋少不到哪兒去。你的小書頂著

「革命」的大名出版，也引不起讀者們的注意，不會有什麼人去讀的。」

這個反對理由的前半部分我不怎麼同意——革命的普通參與者也有資格出版革命回憶錄，近代中國史上不就有「革命軍中馬前卒」一語嗎①？不過這個反對理由的後半部分我卻不敢小覷：一個莊嚴而大路貨的書名，弄得沒有人去注意它，那就太沒啥意思了！

於是就有了目前這個樸實到非常唯物主義的書名——《液體的回憶》。正如本書的副標題所示，這些液體包括水、淚、血、酒，由莊至諧，由苦到甘，一點一滴，均折射出筆者不幸或有幸地捲入革命動盪的經歷。爲什麼選擇這四種液體來折射那些巨型革命動盪中個人的經歷？說到底，首先是因爲筆者出生和成長的那一方土地，是被密如蛛網的河溝渠道籠罩著的皖南水鄉。那兒民衆的生死存亡，最終都繫於一個「水」字。而中華人民共和國的政治在那片土地上的推展貫徹，在大半時候直接地、在小半時候間接地震撼著人和水的關係。我對二十世紀下半葉那三次大革命的回憶由「水」開始，實乃順水行舟之舉。

本回憶錄最多的部分，是「淚與血篇」。列寧曾經說過：「革命是被壓迫者和被剝削者

---

① 此乃魯迅評論中國留學日本的革命志士鄒容一語。

的盛大節日②。」他說這話的時刻，是在一九〇五年的六、七月份，距離俄國「十月社會主義革命」——引發二十世紀一系列翻天覆地革命的導火線——尚有十二年之遙。十二年之後的那場「革命之母」和二十世紀前半葉世界各地十數起仿效它的革命，昭示的卻是另一種場景。激進的革命誠然是被壓迫和被剝削的人民的盛大節日，但這節日卻太過於短暫，以宏觀社會史的尺度丈量，比個人生活史上的新婚蜜月還要短暫得多。瞬息即逝的「盛大節日」狂歡之後，普通人民就要為之付出淚與血的代價，一代、兩代乃至數代。筆者對那三次革命的回憶最凝重的部分，浸著「淚和血」這兩種液體，是順理成章的事。革命過程中的淚和血總是交織在一起，本書的第二部分也無法將二者分開；因此，「淚與血」成就一篇。

本革命回憶錄以「酒篇」結束，並不僅僅由於我愛酒——儘管這是不容抵賴的事實，更重要的是我出生和成長的那片皖南土地，是水鄉，亦是酒鄉。對於那兒的人民來說，酒的重要性僅次於水。他們運用什麼方法獲得酒，得到什麼樣的酒，怎麼喝酒，與什麼樣的人在一起喝酒，喝了酒以後幹什麼，等等，都透露出中華人民共和國的政治、經濟和社會的眞實脈

② 列寧：〈社會民主黨在民主革命中的兩種策略〉，《列寧選集》（北京：人民出版社，一九七二年第二版），第一卷，頁六〇一。

象。「多少人間事，天涯醉又醒③」。本回憶錄以「水」始，以「酒」終，既順乎自然，且合乎歷史——普通的安徽人在一九七六年九月九日之前和這一天之後各別的生存方式，由水和酒這兩種液體晶瑩圓滿地折射出來。

這裏的「折射」一詞頗爲關鍵。液體在折射太陽光的時候，它呈現出來的並不是太陽作爲一個總體的色彩，而是那些構成這一總體的原來諸般光色。然而，原來多樣化的種種色彩，最後都被那渾然一片的總體色彩所強行代表了——「代表你沒商量，你們不想被我代表也不行」。

我在這本小書中所憶及的那些液體，乃是從微觀角度折射革命動盪宏大過程的幾片棱鏡。俗語有道：「一滴水反映一個大千世界。」我的這些液體並沒有這樣的野心，它們只是反映革命動盪大千世界的少許色素。

---

③ 引自宋代文人陳與義詩〈雨〉。

歷史的「有機切片」

不過，這些色素所反映的都是原汁原味的歷史細部，在正史中很難見到，其蘊涵的意義卻不應該過於輕視。北京的歷史學者雷頤在爲「稗史」——他特別強調記錄一九四九年以後社會經濟政治生活之稗史——的價值作論證的時候，引用了胡適之先生一九三〇年所擬的《上海小志序》中的一段話，正好適合放在此處：

「賢者識其大者，不賢者識其小者」，這兩句話眞是中國史學的仇敵。什麼是大的？什麼是小的？很少人能夠正確回答這兩個問題。朝代的興亡，君主的廢立，經年的戰爭，這些「大事」，在我們的眼裏漸漸變成「小事」了。《史記》裏偶然記著一句「奴婢與牛馬同欄」或者一句女子「躧利屣」，這種事實在我們眼裏比楚漢戰爭重要的多了。」因爲從中可以引起諸如漢代的奴隸是如何生活、婦女纏足由何而起等有關時代社會生活的問題。這種問題關係無數人民的生活狀態，關係整個時代的文明的性質，所以在人類文化史上是有重大意義的史料。然而古代文人往往不屑記載這種刮刮叫的大事，故一部二十四史的絕大部分只是廢話而已。將來的史家還得靠那「識小」的不賢者一時高興記下來的一點點材料④。

我對再現歷史過程片斷時保持其原汁原味，一直身體力行，並從中受益匪淺。一九九三年春節我離開美國回到闊別近十年的亞洲，既要在香港科技大學裏授課，又有機會到中國大陸各處去做學術報告。爲了使學生們和聽衆們能夠體味出當代中國大陸與美國社會和香港社會、臺灣社會的深厚差異，我刻意做了一件事，就是搜集一九七八年改革開放以後，中國內地有機會親身出訪外國的那些人的觀感片斷。我向他們提出的問題是——「你新到一個異國後印象最深刻的一點是什麼⑤？」這裏「印象最深刻的一點」是指具體的事物，而不是抽象的概括。在詢問對方的時候，我特別提醒他（她）不要作任何一般性的理論思考，而是挑選最初的直觀印象中最觸動他們的、因而是最鮮明的那一點。所以這樣一問，你得到的回答既

④ 雷頤：〈日常生活的歷史〉（香港：《二十一世紀雙月刊》，一九九九年八月號），頁七七。

⑤ 我在一九九五年五月十一日的《香港聯合報》（第四版），曾經報告過這些詢問結果的一小部分，題目是：〈大陸人出訪外國的感觸〉。

眞切又生動。細細品味，裏面蘊含的社會學的資訊極爲豐富。這裏挑出幾條與諸位共享。

一九八〇年代初，上海復旦大學的謝希德教授訪問美國歸來，同事們問她印象最生動的是什麼?她說：「電視裏有關新型尿布的廣告和解說。連尿布這種東西都有人去研究！」

謝希德教授早年畢業於美國東部名校史密斯學院（Smith College）和麻省理工學院，是中國大陸知名的物理學家，一輩子重視研究。幾十年沒有重訪美國，對即將目睹的美國高科技水平已經作了充分的心理準備。抵達美國以後，即使見到最先進的物理學研究成果，也不至於大驚失色。然而對她觸動最強烈的，竟是新型的尿布。連尿布這樣「下三流」的東西都有人去研究改進，遑論「上三流」的飛機和導彈了!謝教授的感歎裏，有著中國大陸科學家對美國重視研究和發明的讚頌，和對本國長期以來缺乏刺激人發明創新和把科技知識應用於生產和生活的一整套制度的歎息。

一位由上海外語學院赴美國賓州攻讀政治學的留學生一九八四年抵達美國以後，印象最鮮明的是：「美國州和市政府的門口，看不到持槍的士兵站崗！」在中國大陸省市縣「人民政府」的大門前，都有持槍的軍人站崗，這當然主要是阻止黎民百姓徑直進去。政府機關的門口有無戒備森嚴的軍人站崗，透露出一個政府如何看待它和人民的關係。中華人民共和國各級政府機關裏，都掛著「爲人民服務」的橫匾。「人民政府」命令持槍的「人民子弟兵」

（這是毛澤東對中國人民解放軍的定義）把自己與「服務對象」阻隔開，這眞是具有社會主義特色的幽默⑥！

山東省臨沂地區一位國有大企業的廠長一九九〇年代初到東南亞三國（泰國、馬來西亞、新加坡）訪問，印象最深刻的一點是：「我在那些國家待了十幾天，竟然在街上沒看到有人吵嘴打架！」這位廠長若不是出國一趟，也許以爲全天下都與他的家鄉一般，大街上吵嘴打架是日常生活不可分割的一部分。

爲著對比起見，我也搜集過一九七八年以後最早有機會，由臺灣間接地或直接地去過中國大陸的訪問者的最初觀感。其中最有韻味的一條，得之於早年任《聯合報》「美加新聞中心」主管的張先生。一位臺灣訪問者在北京的一家國營大百貨商店裏，看到牆壁上掛著「優秀售貨員守則」，守則之一是：「不許打罵顧客」。人人皆知，西方社會裏商界的箴言是「顧客就是上帝」。在傳統的中國商業文化裏，經商服務的一方對顧客的尊稱是「衣食父母」，含義是「我們是被顧客養活的」。而在毛澤東的國家社會主義政策實施多年後、經濟

⑥ 二〇〇一年「九一一襲擊」之後，原先不設門崗的美國地方政府門口，有些也頓時配置崗哨。不過，若是持有證件的美國居民，進出政府大門仍然順暢。

改革尚未深入開展前，中國大陸社會裏商業部門與顧客之間的關係，正是市場經濟中這種關係的反面：顧客就是龜孫子，臭罵你兩句，揣你兩腳又怎麼啦？還怕你不再來？你不來老子才快活！能夠不這麼做的，那就挺不容易了——「優秀售貨員」才能達到這樣高的境界。如上的一條「優秀售貨員守則」，可以引伸出來一部《比較經濟制度史》，這就是直接經驗者提供的原初狀態——沒有經過他者自作聰明的加工——的歷史「切片」（organic tissues）的價值⑦。

⑦ 在我搜集的資料中，有一條是關於李鵬先生的。早年他在任「中華人民共和國教育委員會主任」期間，曾出訪愛爾蘭。回國以後，他感慨地對其他主管教育的官員說：「他們國家開電梯的工人都會講英語！看來我們眞要花大力氣普及英語教學。」我本來想去信李鵬辦公室求證此一訪問觀感，估計他的秘書也不會百忙之中及時地覆函，只得作罷。

致謝

這本小書中呈現給諸位讀者的歷史切片，少部分地曾發表在太平洋兩岸的中文報刊上。屢次受到聯經出版公司林載爵先生——他是歷史專業出身——的鼓勵，說應該把它們整理擴充成冊，以服務於更多的讀者；所以此處的致謝，首先是向他而發。同時，我也眞心地感謝那些曾爲我的回憶錄片斷提供了最初發表場地的中文報刊，包括它們的發行人和編輯：香港《明報月刊》和明報出版社，香港《信報》，北美《世界日報——世界周刊》，廣州《二十一世紀經濟報導》和《南方周末》。我同時向香港科技大學的孔憲鐸教授、丁邦新教授、謝定裕教授、塗肇慶博士、朱天博士，聯合報系的張作錦先生，聯經出版公司的劉國瑞先生致謝；他們對我的這類文字，多有眞誠的鼓勵。我還要深深感謝龍希成先生，他催促我把關於酒的漫長回憶從腦海深處調出來；我把這稱作「深水淺調」，像「南水北調」一樣，一調就調出了許多故事。我還要感謝三位研究生的幫助，她們將部分手稿打成文稿。

水篇

1975年，獲得重入學校讀書的機會，告別水鄉。

水利・水政・水鬥

中國的一個小地方上了中國的大新聞媒體，多半是發生了好事情。中國的一個小地方上了外國的大媒體，則多半是發生了壞事情。去年（一九九六）六月底，工作勞累之餘，我打開電腦網路的路透社英文新聞專線，赫然看到熟悉的拼音地名以及一連串的最高級形容詞：安徽省宣城一帶發生一個半世紀以來最大的水災，水位已經超過有記載的最高記錄。兩星期以後，香港和臺灣媒體繼續報導，這次水災造成死傷病一千二百多人，六十八萬公頃的田地被淹毀。這樣的消息雖然觸目驚心，卻不出乎意外。自我少年時代記事起，那一帶每年夏初總要鬧水災——當地土話稱爲「發水」，或大或中或小，但從不缺席；從三國到中華民國到中華人民共和國，歷朝歷代均是如此。

水政

有水必有利，否則人類不會自古以來傍水定居。然有利必有害，利害乃屬同源。有水災必須治水，因此有水政。西方社會學把因爲治水而發展起來的大一統政治結構，視爲東方古國如中國和埃及等農業社會之專制傳統的源頭，這方面最出名的著作就是綜合馬克思理論和韋伯學說的魏特夫所撰的《東方專制主義》①。但是西方學者罕有機會在實地視察到，當代中國專制的治水政體也會觸發民間的水鬥，即民衆爭水利避水害的頗具規模的武裝鬥爭。僅以一九九六年安徽省重水災區的水陽江流域爲例。

這個地區的水政至少可以上溯至三國時代。東吳皇帝孫權早年曾爲宣城太守，他治理宣城時，將水陽江畔一大片水足草盛的地帶辟作軍用養馬場。但這片肥美之地又時常受江水浸

① Karl A. Wittfogel, *Oriental Despotism. A Comparative Study of Total Power* (Yale University Press, 1959,3rd Edition.) 中譯本由北京的中國社會科學出版社一九八九年九月出版。此書之翻譯最初在一九六〇年代早期動工，延至二十多年後才能問世，可見這題目是如何的敏感！

害，於是養馬場總管大將丁奉（註：與筆者無直接親戚關係，請勿誤會）主持修建水利工程，這便是日後成爲大糧倉的金寶圩。「圩」者，圍也——四邊是高可比肩六、七層樓房，寬可並駛四、五輛大卡車，周長二百餘里的防水大堤，像一隻巨盆，護著圩中十幾萬農民的身家土地。圩裏水道縱橫交錯，出門以舟代步。圩堤四周有十幾處石砌「斗門」即巨型水閘，旱時從水陽江裏引水進圩灌溉，洪澇時由圩裏朝外排水瀉洪。類似的圩在水陽江流域還有幾處，大小不等，金寶圩是其中最大的一個。據說元朝末年群雄混戰時期，朱元璋的軍師劉伯溫率兵路過金寶圩，對這裏的水道佈局極爲欣賞，認爲深合五行要義。日後朱洪武得了天下，劉伯溫便依金寶圩的式樣，改建南京的街道城門格局。若將金寶圩和南京城的鳥瞰圖對照，會發現二者很相似。

在江南水鄉的地方誌和民間文學特別是傳說中，給予最多筆墨的，便是歷代官員治水的功過。金寶圩正中有一個「總管廟」遺址，便是紀念丁奉的。我們幼時還能見到香火供奉「丁總管」的神像，在文化大革命中這些都被毀掉了。宣城城關鎮的北門有一座古橋，在紅旗下成長起來的我輩，只知其名爲「白石橋」，其實橋的石料根本不是白色的。故老私下向我們透露，該橋始建於明代，以紀念一位縣令。他任內某年夏季水陽江江水泛濫，淹沒四野，黎民呼號，然而蒼天不應，水勢依然上漲。這位縣令絕望之餘，登上江邊的山坡，跪地祀告：「若小人任內犯了過錯觸怒天庭，希望上蒼只懲罰我本人，不要殃及無辜百姓。身爲父母官，情願以身殉水拯救蒼生」。他從山頂縱身跳下，怒江頓時平息。鄉人感恩，在他溺水之處建築「別士橋」以志紀念，因爲他是進士出身。「文革」以前就有唯物論者質疑：「抗洪救災，只能依靠廣大革命群衆，運用科學手段，方能致勝。縣官縱身投江，豈能退水？假如我們共產黨的縣委書記也學這位縣令，發洪水時隻身跳下，豈不會誤國誤黨誤民？」於是「別士橋」被改成「白石橋」，以消除封建迷信的壞影響。

但是縣城裏發生的除舊布新，對僻遠的鄉村似無多大的影響，水鄉的老農依舊緬懷這位縣令以及與他相似的治水好官。金寶圩與外部世界沒有什麼現代方式的交通通訊聯繫，到縣城裏去只能「坐十一號」即兩條腿硬走整整一天，鄉民們依舊生活在半凝固的歷史之中。直到一九六六年夏季「文革」運動開始時，當地的老人們仍舊以「民國」紀年。這在城市裏，是罪大惡極的行爲。鄧小平改革時代初期恢復正常的大學高考制度，我成爲家鄉第一個考試成功的研究生。赴上海市某名牌大學攻讀碩士學位前，我特地回金寶圩辭別。幾位老農仔細地詢問了「碩士」是什麼東西，得出結論：「它等於早年的進士」（中學生等於秀才，大學生等於舉人）。他們莊重地以家釀的米酒祝賀我「及第」，叮囑我日後做官不可以忘本虐民。我告訴他們：新社會的碩士不值錢，並不保證能做官。但他們不信，說好歹村子裏出了一位「及第」的人，以後不怕被別的地方的官員欺負了。只是我的大舅擔憂地說：「日後怕是不容易見到你了。你一旦成了官家的人，規矩禁忌就多了，馬虎不得。」

清朝光緒年間，金寶圩也出了一個進士知府，他任內某年水陽江泛濫，知府深知故鄉人民與水的關係，故冒著生命危險，駕一葉扁舟沿江破浪而下，查看水勢災情。臨近金寶圩最險要的兩江匯合的小河口段，知府見到鄉親們正在與不斷上漲的洪水試比高低，在江堤上加土添石。青壯男人或是背負沙包石塊上堤，或是站在深水中打樁，或是潛入水下堵塞漏洞。

江水洶湧，潛下去的未必都能冒上頭來，站在深水中的時有被急流席捲而走，背負沙石的也可能會力竭吐血身殘。爲了防止抗洪隊伍潰散，每段江堤上都有一個頭領，手持鋒利的鐵鍬，有權對臨危逃脫者就地正法（這種軍隊式的抗洪紀律直到百年以後的知識青年時代仍然大體維持著）。知府見到此等場面，不能自已，急令船夫靠岸，以便親手撫慰鄉民。但大堤上的百姓們百般阻止，知府以爲是百姓們怕他受累，堅持要上岸親民。堤壩上數千百姓只得齊齊跪下稟告：「我們不是怕知府吃不消，而是怕江堤吃不消。」鄉民們相信，大官讀的是聖賢書，知天命，曉王法，雖爲肉身，卻非凡體，貴重無比；一旦足登江堤，地是會顫動的。若是在平時，地微動無妨，但此刻江水漫及堤頂，怒濤翻騰。知府登岸時稍有地動，江堤可能會承受不住而崩潰，因此無論如何也不能讓他雙腳沾地。鄉民們齊聲懇求：「知府愛民愛鄉之心衆人已領。大人重任在身，還請趕快回府，不要在此犯險。」知府聽罷，唏噓不已，只得與鄉親們揮淚而別。堤壩上數千鄉民跪送扁舟，直到看不清知府的身影，方起身復勞作固堤壩。

一九四九年以後，新社會的幹部不再讀孔孟之書，不再愚不可及地以身殉天退洪。他們聽的是毛澤東的「與天奮鬥其樂無窮，與地奮鬥其樂無窮」的最高指示，相信的是科學，發起了一波又一波改天換地的群衆運動。但是科學在共產黨領導的國家，與在西方國家裏不大一樣。共產黨國家的科學家要聽黨的話，科學也就免不了要聽黨的話。在史達林領導的蘇聯，有李森科的「馬克思列寧主義生物學」之批判遺傳學，「辯證唯物主義物理學」拒絕量子物理學。在毛澤東領導的中國，有錢學森「一畝地可產幾萬斤糧食」的大躍進科學②，和以上海爲基地的與愛因斯坦相對論「對著幹」的「文革物理學」。在治水方面，有源於毛澤東思想的「圍湖造田」工程，鄱陽湖、洞庭湖、滇池等等大湖泊周圍都有這類與大自然頂牛的壯舉。一九六八年在固城湖，一場同樣的壯舉險些引發該地區歷史上最劇烈的水鬥。

② 詳見李銳，《廬山會議實錄》（鄭州：河南人民出版社，一九九四年六月第一版），頁六二—六三。

水鬥

固城湖位於安徽省宣城縣和江蘇省高淳縣的交界處，是水陽江水系的自然水庫。旱時可引它的水灌溉，更重要的是澇時它可儲蓄巨量的水，分減該水系的洪水壓力。一九六八年高淳縣的領導受「文革精神」的鼓舞，決定把他們境內固城湖的那一大半圍起來排乾湖水改成良田。宣城這邊竭力反對，說這樣一來，洪水季節地勢低的宣城沿江地區將會是汪洋一片，此地區又是產糧重地，一旦受淹成災，幾十萬農民將何以維生?高淳縣的領導幹部不聽，堅持學習大寨革命精神，動員數萬農民造壩圍湖排水。宣城一方則決定動員數萬農民武裝抗爭。毛澤東時代以「全民皆兵」爲指導思想，全國各地均有民兵組織，從班排到團乃至師級規模，視工作單位人口多少而建制。通常農村地區的民兵配備的武器比較老舊，多半是抗日戰爭和國共內戰時代留下的「三八大蓋」和輕機關槍。工礦企業的民兵的裝備則比較先進，甚至配備有迫擊炮和高射炮之類的重型軍械。

宣城沿江地區的總動員極爲有效，因爲是事關各村各戶身家性命的存亡之戰。宣城一方軍事佈置以越靠近固城湖爲越前沿，安排成多級梯隊，沿江綿延幾十公里。有正規武器的民兵擦槍填彈，沒有正規武器的農民則自製兵器。男子分派上前線，婦女提供前線之軍需。狸頭橋一帶就在固城湖畔，最受致命威脅，農民們也最激憤，早已組成敢死隊。十八歲以上的男子均被徵召上陣，各村誓盟：誰家的男子戰死，全村有義務贍養其遺屬；老的養到壽終歸天，小的養到十六歲成年。誰人受傷致殘，全村有責任照顧，鄰家吃喝什麼，他吃喝什麼。這狸頭橋地區是兩省三縣交界處，哪個衙門都管不上，歷來是土匪出沒之地，民風剽悍，習武者甚衆。早年共產黨領導的新四軍也據此險地練兵造反。一九六〇年代大饑荒時期，這裏時不時地傳出人肉包子的消息。有過路的人不見了，第二天就有人據說在包子餡中吃出人指甲蓋來。

宣城一方把交戰時機選定在高淳一方大壩合口那天。大壩一合口，生米就煮成熟飯了，宣城這邊很多地方就會被淹沒了。按照「有理、有利、有節」的布置，宣城一方將派數名代表身綁炸藥雷管，手持「民意書」呈對方領導，呼籲停止合上大壩。假若對方接受，則可能化干戈爲玉帛，坐下來談判解決糾紛。假若對方拒受「民意書」，則宣城敢死隊員將緊緊抱住對方的領導幹部，一同滾下大壩，玉石俱焚，葬身湖底。其他的敢死隊員將急速衝上去，引爆身上的炸藥，與大壩同亡。在高地勢上用望遠鏡觀察局勢發展的狸頭橋礦山民兵，約定好以爆炸聲和硝煙爲信號，一旦見此情景，將以迫擊炮轟擊固城湖堤的高淳那一邊，使湖水漫淹過去。爲了確保勝利，宣城一方的敢死隊員將在大戰前夕潛入對方幾個工程指揮部的周圍，伺機綁架人質或者將其就地處死，以收「擒賊先擒王」和「打蛇打七吋」之功效，亂其軍心，挫其士氣。狸頭橋前沿一旦打響，宣城沿江的民兵將全副武裝登上木船，千舟競發，撲向對岸，將對方歷年裏修建的於對方有利於己方有害的水利工程一鼓搗毀。

高淳一方也在著手動員民兵保護圍湖工程，但雙方處境不同，士氣大異。高淳一方是爲著爭得更多的良田，成之更好，不成也不致於失去什麼。而宣城一方則是爲著保護手裏僅有的東西，失之全無，故不惜決死一戰。高淳一方目擊宣城狸頭橋一帶前沿村莊日夜備戰，升爐冶鐵鍛造兵器，火光熊熊，鐵錘聲聲。這場大戰一旦爆發，雙方數萬民兵捲入，後果將不堪設想，極容易釀成世代血海深仇。這地區的老人們，還記得上輩給他們講述的明清時代水鬥的慘烈事跡，於是不斷地有人向各級上司反映該地區的火爆局勢。然而當時正值「文革」高峰階段，全國各地均有大大小小的武鬥，北京的大員們也是處於焦頭爛額的狀態。經過多番火急電報，消息終於直達天庭，中共中央主管農業和水利的領導紀登奎、陳永貴等人，火速下令停止圍湖工程，敦促雙方通過談判解決爭端。一場因水而起的人民戰爭，被阻止在最後一刻之前③。數年以後的一個春節，老家在狸頭橋、北京大學西語系畢業的馮君向我述及這一切時，仍然緊張得滿額冒汗，雙目赤紅。

天並不聽共產黨的話

將近三十年以後的去年（一九九六）夏天，宣城一帶還是遭受了一個半世紀未遇的洪災，毛澤東時代的破壞生態水文平衡的一系列工程眞是過不可沒④。那一帶的樹林早在一九五八年大煉鋼鐵的運動中被砍得所剩無幾了，「文革」中的圍湖造田工程又雪上加霜。固城湖雖然尚未全部消失，周邊被塡的部分還是不少。另有其他許多不知名的大小河流湖泊，被強暴的多矣！而所有這一切均在「人定勝天」的旗幟下作成。

---

③ 二〇〇三年夏季淮河大水災之後，我找來盧躍剛對一九九一年淮河大水災的報道〈辛未水患〉閱讀（《盧躍剛報告文學集・長江三峽半個世紀的論證》，北京：中國社會科學出版社，一九九三年十二月第一版）。其中多處簡略地但意味深長地提到一九四九年以後淮河流域因水而發生的激烈鬥爭，包括武裝鬥爭。這類鬥爭可以在任何一級上發生——村與村之間，鄉與鄉之間，縣與縣之間，市與市之間，省與省之間。

④ 一九九八年六月，我從澳大利亞到中國開會期間，途經宣城，才稍多知道了一些一九九六年六月當地發水的實情。六月底皖南丘陵地區連降大雨；到了二十九日，宣城東南部山區傳來小型山洪頻發的通報。次日傳來的消息說大山洪正在暴發，宣城地勢稍低的中下游地區要防洪。

江南水災期間，我在澳大利亞首都讀到新華社一九九六年七月十三日的報導，黃河在該年裏斷流已達四個月，創下歷史的記錄，沿江千千萬萬人民的生活和生產都嚴重受損。同時又聽到新華社報道，長江三峽大壩正在建設中，這當然是有史以來「人定勝天」的最大壯舉。但是，假若建成後發現「人算不如天算」，那又怎麼辦？過去的事一再證明，雖然可以令人、令科學家和令科學聽黨的話，卻極難令大自然也聽黨的話。當大自然發起橫來，比最蠻橫的領導同志還要蠻橫得多。倘若遇上此等「天怒」，億萬蒼生出路何在？黃河、長江覆蓋大半個中國；一旦有事，何人可救？

無救。

這類消息十萬火急傳遞過來的時候，宣城防汛值班的一位縣政府主要幹部，正在打麻將。那邊水情緊急，這邊牌情緊張，後者暫時占了上風，該領導幹部堅守牌局。山洪不等人，橫衝直闖，入無防之境。民房農田擋它不住，鐵道幹線路基都被衝垮了好幾公里長。趕來搶修的鐵道部工程隊領隊工程師指著那位縣政府幹部：「我在全國鐵道系統幹了幾十年，鐵路路基被沖成這樣子，還是第一次親眼見到。你就不怕爲這事負責任受處罰？」令那位縣領導寬慰的是，上級沒有追究他的責任，他繼續當他的官。

發蛟・發難・發怵

皖南水鄉的老百姓最怕的是「發水」，皖南山區（多半為丘陵地帶）的老百姓最怕的則是「發蛟」。「發水」的含義很明白——江河泛濫；「發蛟」的含義卻不那麼清楚。我從幼年時就常聽到大人提及「發蛟」；每當這兩個字從口中吐出，他們的臉上就騰升出驚恐和迷茫的神色，而我們這些充滿了好奇心的孩子就更是一頭霧水，滿腔困惑，老想打破砂鍋問到底，問問砂鍋裏有幾粒米。

家鄉老人對「發蛟」的恐懼，可謂源遠流長；中國史籍上有明確記載的主要蛟災六十三起（從宋朝嘉定六年至清朝光緒九年的六七〇年間）①，竟有十二起發生在安徽南部。《甯國府志》卷一載：「明嘉靖八年（註：西元一五二九年）秋八月，宣城諸山蛟發，漂沒民舍圩岸，水泛濫入城，軍儲倉浸數尺，人畜多溺死。」二十八年之後（嘉靖三十六年），宣城與蕪湖的交界處「大水，群蛟齊發，江漲丈餘，圩岸沖決，民居漂沒。……陸路無復存者，舟行屋上，禾麥不收，民刈草根樹皮爲食」（《蕪湖縣誌》卷五十七）。

史書上記載的皖南鬧得最凶的一次「發蛟」，是清朝乾隆五十三年（西元一七八八年）。據《徽州府志》卷十六：「五月，祁門大水，溺死六千餘人。初六日夜大風雨，初七日清晨東北諸鄉蛟水齊發，城中洪水陡起，長三丈餘，縣署前水深二丈五尺餘，學宮水深二丈八尺餘，沖圮譙樓倉廟民田廬舍雉堞數處，鄉間梁壩皆壞，爲從來未有之災。」

① 參見宋正海等編輯：《中國古代重大自然災害和異常年表總集》（廣州：廣東教育出版社，一九九二年十二月第一版），頁三五五—三五八。

「發蛟」

我後來揣摩，「發蛟」是指來路不明的突發性質的洪水。因爲來路不明同時又是突然的暴發，富於想像力的農民就把它歸咎於「蛟龍」發作。農民的想像力不全然是無根據的迷信。「蛟」在中國古代的傳說中是指沒有長角的雌龍；《楚辭》〈九思・守志〉有詩句：「乘六蛟兮蜿蟬。」王逸注：「龍無角曰蛟。」這種半神話的雌龍在現實中的對應物是鱷魚之類。《呂氏春秋・季夏》：「令漁師伐蛟。」高誘注：「蛟，魚屬，有鱗甲，能害人。」宣城正好就是揚子鱷的祖居之地。揚子鱷在地球上已經生存了一億多年，是古生物的活化石，瀕臨滅絕的一類保護動物。最大的揚子鱷身長可達兩米，耐饑能力超群，即便在它最活躍的時段夏季，三、四個月不進食也不會餓死。一九七九年在宣城南郊建成了全世界第一個也是迄今唯一的揚子鱷研究中心（今易名爲「揚子鱷自然保護區」），據報道已經人工養殖出一千餘條。被唐代大儒韓愈——他自十三歲時便隨長嫂遷居宣城，潛心攻文，二十歲隻身離宣遊學，考取進士——在《祭鱷魚文》中描繪爲「悍然不安溪潭」、「爲害民畜」的揚子鱷，目前看來大概不會絕種了。

古代宣城的揚子鱷肯定比今天的多得多，可能體積也大得多。山洪暴發時，揚子鱷順勢而下，張牙舞爪，伴以激流衝擊的轟鳴，民間的「發蛟」之說也許就是這麼形成的。小的時候，每次乘小木船溯水陽江而上，途經一處險要之地，大人們都會指著淩亂地矗立在江中的幾塊巨型黑岩石，說是崇禎年間一次「發蛟」，從十幾裏地以外的山上沖到此處的。

雖然自幼少年時代起，我就時不時地被「發蛟」之說弄得又恐懼又入迷，但第一次聽到別人從頭到尾、比較完整地描述發生在我們近旁的「發蛟」，卻是在一九六九年。向我們作口頭報道的，是年長幾歲的江胖。

那年夏初，在宣城東南方向、與甯國廣德接壤一帶——江胖的老家就在那附近——連續降雨三、四天。暴雨降到密集之時，人在露天外睜不開眼，雨點落到頭上身上像細石子平空砸下一般生疼！那個關鍵的一天的下午兩、三點鐘，突然之間「發蛟」：從當地建築的最高點——建於十九世紀的一座天主教堂的鐘樓頂上望出去，周邊的山溝裏、平地上一片白浪翻滾，滔滔洪水的主要來源是一座山的半腰。江胖描述：那天吃過午飯以後不久，農民見到半山腰的一塊地方，土石飛濺，暴現一個洞口，水柱由此洞口轟然而出，直插數丈高空。壯水牛、茅草房、直徑三到四米的舊式水車、體重一至二噸的新式拖拉機，都像小孩子的玩具一樣，被水柱落下的勢頭輕飄飄地席捲而去。

山腳下星星點點的村莊裏，一片呼救之聲。當地風俗，遇到這種「發蛟」的危難，四村八寨都要一起敲響銅鑼、燃放爆竹驅邪，以煞住「蛟口」——水柱噴湧之處——的氣勢。可是這當兒正是史無前例的文化大革命之際，啓用傳統方法驅邪是觸犯政治大忌的，誰帶頭搞誰倒大楣。但大家都是本鄉本土，看著活生生的人畜像下湯圓一般在洪水中掙扎翻滾，總不能不施出援手。佩戴紅袖章的民兵們於是手挽手結成搶險隊，高舉《毛主席語錄》「紅寶書」，齊聲背誦「最高指示」：「下定決心，不怕犧牲，排除萬難，去爭取勝利！」試圖穿過山洪，救出村民。

這段「最高指示」在文化大革命期間有如「上上咒」，一遇到不同尋常的險難情況，紅衛兵、革命造反派、解放軍戰士和革命群衆們均會脫口背誦。背誦的效果是什麼？時任「副統帥」的林彪有個說法：「毛澤東思想是精神原子彈。」意思是戰無不勝、攻無不克，有原子彈殺人毀物一般的奇蹟效果。

可是這次在宣城東南一帶的「發蛟」關鍵時刻，那顆「精神原子彈」並沒有爆炸出「立竿見影」的效果（林彪聲稱，遇到任何實際困難，只要活學活用毛主席語錄，便會「立竿見影」）。被山洪沖刷而走的人、畜、財、物不計其數；那年頭地方政府已經被文化大革命風暴衝擊至癱瘓，具體事務如統計受災數據等等沒有人負責。

幽默地犯了一罪

在幼少年時代，唯一給我們講述過家鄉丘陵地帶最近發蛟情景的就是江胖。過了若干年，等到我稍微多了一些歷史意識、想把發蛟的口述史記錄下來、回到宣城去找江胖的時候，他卻已經不見了。

滿臉福氣、長得象個小活佛的江胖，拉得一手好二胡，唱得一口地道的花鼓戲，又是一個天生的喜劇表演家。他能夠在生活的每一處——哪怕是它的最淒清的角落裏——發現歡樂的種子。經他一點撥，這細微的種子就會向周圍的小孩大人老者張開笑臉。這愉樂的稟賦，卻成爲我日後回老家找他不著的緣由。

十年「文革」期間，在全中華人民共和國唯一准許人民觀看和演出、人民也必須一再觀看和演出的劇目，就是欽封「文化革命旗手」江青指導製作的八個「革命樣板戲」。在我們那裏，只有縣花鼓劇團才具備演出這種大型政治劇目的本事，鄉村裏的「草台班子」——農民對他們自己業餘演出隊的稱呼，因爲他們從來上不了正規劇場，只能在臨時搭成的戲臺上取樂——捧著革命樣板戲的本本就傻眼，他們連上面的字都念不周全。於是念過初中、又有演戲天賦的江胖就成了他家鄉那一帶草台班子的業餘指導，幫助農民們排練革命樣板戲。

草台班子就是草台班子，即便是奉命去演革命樣板戲——「文革」年代具有頭等重要政治意義的任務——的時候，也脫不了草根本色。這些鄉村業餘演員們過去最拿手的，是農民們喜聞樂見的傳統劇目，比如像「四郎探母」、「打金枝」、「武松打虎」、「十八摸」之類②。要他們照本扮演革命英雄人物、大段大段地演唱和道白革命的豪言壯語，真是太難爲了他們！演員們常常在演出過程中忘了那些對他們來說意思過於生澀的片斷。台上一「卡殼」，台下就起哄。演員這時就得急中生智，把能夠即興想起來的任何劇目中的唱詞和道白拉扯過來，塡補空白。於是，革命樣板戲裏有時就混雜進了傳統戲劇的戲文。

比如，在「沙家浜」裏，當共產黨地下聯絡員阿慶嫂與反共抗日地方武裝的參謀長刁德一鬥智時，會冒出來「十八摸」中頗有調情風味的一兩句。有時候，草台班子的演員也會即興揑造一小段，來解脫「卡殼」的窘境。演出「智取威虎山」中最扣人心弦的「打進匪窟」

②　我在二〇〇三年夏天的一個重慶研討會上，由一位著名的中國政治史學者處得知：「文革」一開始，毛澤東就指示把這類「大毒草」傳統劇目，請最好的演員表演，錄製留存。所以，革命領袖在公開場合斥責這類劇目「反動下流，低級趣味」，並不影響他私下裏欣賞。

一段，解放軍偵察員楊子榮假裝成土匪，拜見大土匪頭子座山雕，座山雕用黑道「坎子話」考察楊子榮的眞僞，問道：「臉紅什麼？」楊子榮用「坎子話」答道：「精神煥發！」座山雕猛然大喝一聲：「怎麼又黃啦？」楊依「坎子話」答道：「防冷塗的蠟。」按照劇本，接下去應該是座山雕——到這時他對楊子榮已經初步相信了——把話題轉到軍事機密正題上去。可惜草台班子的那位扮座山雕的演員記不起來了，他直瞪瞪地望著扮演楊子榮的，無奈之際，追加喝問一句：「怎麼又臉紅啦？」

追加的這句自撰的臺詞把扮演楊子榮的給弄懵了，他怎麼都回想不起來，按照劇本他應該接答什麼——劇本上根本就沒這一句。可是他手頭沒有「本本」，心裏不踏實，頭上直冒汗。在「草台」上踏著馬步、弓步、鷹步轉了三圈以後，還是接不上茬，只得向座山雕伸出手：「兄弟，給我一根煙，容我息口氣，想想。」

江胖身為家鄉草台班子的無薪給顧問，對這類農民版的樣板戲，耳濡目染。他又是天生的喜劇表演家，臉上的每一塊肌肉都會作相對運動，一個人能夠把草台班子的幾個窘困的角色輪轉演活。可惜生不逢辰，這時候正值文化大革命，不是尋常年景。有人報告了上去，說是江胖藉農民把樣板戲演走了樣的事——「樣板戲」顧名思義是不許走「樣」的——醜化革命樣板戲，惡毒攻擊無產階級司令部（江青是該司令部的主要成員之一）。於是江胖就被抓走，關押了起來，坐了幾年班房（當地人對獄牢的俗稱）。

那些年頭被逮捕坐牢跟吐口唾沫一樣的輕而易舉，尤其是與「惡毒攻擊」掛上鈎③。這條罪名出自一九六七年一月頒佈的《關於在無產階級文化大革命中加強公安工作的若干規定》，簡稱《公安六條》；由中共中央文革小組組長陳伯達、第一副組長江青和公安部部長謝富治擬定，毛澤東批准。其中最要人命的是第二條：「攻擊污蔑偉大領袖毛主席和他的親密戰友林彪同志的，都是現行反革命行爲，應當依法懲辦④。」「偉大領袖毛主席」自然也包括了江青。

「污蔑攻擊」罪並沒有法律上的界定，全憑願意執行它的人們的想像，而這類想像力可以是天馬行空無邊無際的。我把當地兩樁「污蔑攻擊」罪——都是發生在一九六六—一九六

③ 比較起江胖，我們那兒溪口附近的一位鎮上的幹部王書記更倒運。「文革」初期他每天都要向治下的老百姓訓話，一天開大會的時候他宣佈：「林副主席愛吃黃豆，所以他的女兒小名叫『林豆豆』。我王書記愛吃大魚大肉，你們從今以後就叫我兒子女兒『王魚魚』、『王肉肉』。這也是用實際行動向林副主席學習！」當天中午他就被抓走，以「惡毒污蔑林彪副統帥」的罪名判了幾年徒刑。

④ 詳見王年一：《大動亂的年代》（開封：河南人民出版社，一九八八年十二月第一版），頁一九二—一九三。

八年期間——白描出來，沒有榮幸親身經歷過那段歲月的諸位，便能稍稍領略其風采。

第一樁。一位農民進鎮上挑大糞——那時候化肥很少，靠近城鎮的農民定期進城把大糞收集回村肥田——順便帶上十幾隻雞蛋換點現錢。這位貧農對毛主席充滿了感情，平時從全家老少嘴邊節省下來的雞蛋，換了點錢捨不得給孩子買糖、捨不得給自己買煙，拿去新華書店「請」了一尊「寶像」——那年頭不許說「買毛主席像」——預備供在家裏。

「請」來了毛主席的寶像、收集了兩桶大糞準備回村的那位農民，卻發現沒地方裝那尊石膏製作的半身塑像。他身上的衣服破破爛爛，口袋都是通的，也沒有帆布挎包之類的奢侈用品。糞桶裏當然不能置放寶像，拿在手裏又容易摔碎。他於是就把自己破衣服的邊邊撕下，在寶像的脖子上打個結，掛在扁擔頭上；這樣既乾淨又安全地保護了寶像。

他挑著沈重的一對糞桶走過鎮上的狹長石板街，走到小一半的時候，忽然聽到路旁一聲大喝：「你這個現行反革命，還不趕快停下！」這個農民被喝叫得莫名其妙，路旁的兩個人指著他扁擔頭上晃來晃去的石膏像：「你想把毛主席上吊？狗膽包天！」這位可憐的農民怎麼解釋都沒用，立刻被五花大綁拉走，關押了起來。

第二樁。從一九六六年冬季開始，每一個地區的紅衛兵和造反組織都分裂成對立的兩大派，每一派都指責對方「假革命、假造反、眞老保」；「老保」即「保皇派」，也就是保護

「走資本主義道路的當權派」。為了向群衆證明自己不是「老保」，兩大派就要時不時地把本地區的走資派拖出來批鬥一番。只要一派籌劃這麼做，另一派就會搶著去「揪」走資派，甚至把他們給抓走藏起來，以使對立派的已經張榜宣布的批鬥大會「泡湯」即流產。

這麼互相搗蛋幾個回合以後，兩大派都免不了「泡幾次湯」，於是也會偶爾達成暫不拆臺的協定，合開批鬥大會，因為批鬥的對象都是同一幫本地區的黨政領導幹部。這種合開的批鬥大會上，兩派都暗中較勁，設法使本派在群衆眼裏多得分，對方「吃鱉」即出洋相丟現眼。我所目睹的最絕妙的一次，要數一九六七年春節之後元宵節（當地稱為「小年」）之前的那一場。

那些年裏春節和元宵節都不能按傳統方式歡慶，必須移風易俗，過革命化的節日。宣城的兩大派頭頭們都覺得在農曆大年之後和小年之前召開一場批鬥大會，是非常革命化的行動。批鬥會選擇在縣城大劇院舉行，裏面可以坐下一千人，外面懸掛著八個高音大喇叭，現場實況擴音給外面更多的群衆聽。五、六個走資派被押成一溜跪在劇場正前方的戲臺上，兩派的工人、農民、學生、職員、民兵諸類代表輪流上臺，義憤塡膺地宣讀大批判發言稿。

為了烘托會場的氣氛，每一派都挑選出兩位嗓門大、普通話好的人帶領本派高呼口號：「打倒劉少奇，保衛毛主席！」「打倒鄧小平，保衛黨中央！」「打倒劉鄧陶（鑄），保衛毛澤東思想！」

這些工整對仗的口號要越喊越激奮，才能顯示出自己對走資派的恨、對毛主席的愛。帶頭呼口號的人越喊越高昂、越喊越急促，全場氣氛也隨之越來越熾熱。突然之間，與我們對立的那派領頭呼口號的人喊滑了嘴：「打倒毛主席，保衛……！」

下半句他沒呼出來，但這已經晚了——劇場裏的千把人、劇場外的幾千人，全都被高音喇叭中的那半句口號給震呆了。那個領頭呼口號的人怔了幾秒鐘，咚地一聲彎曲雙膝，直愣愣地跪在戲臺正中央：這在「文革」中叫做「主動向毛主席請罪」。

我們這一派的幾個骨幹分子，立刻發現這是個打燈籠難找的好機會。他們衝上戲臺，大叫：「誰反對毛主席就叫他滅亡！」對方一派的人誰也不敢出來爲那個不幸喊錯了口號的戰友辯護，眼睜睜看著上來幾個戴著「專政大隊」紅袖章的青壯男子，把那個倒楣蛋捆綁押下去。這場原本是批鬥走資派的大會，似乎正在轉變成批鬥對立一派「現行反革命行爲」的大會——這恰恰是我們一派衝上臺去的那幾個積極分子的企圖。他們在臺上搶佔著麥克風，努力要控制全會場。對立一派的骨幹分子不甘受制，擠在戲臺下面的第一排大呼口號：「走資派不投降就叫他滅亡！」意思是不許轉移批鬥會的目標，臺上則高喊：「誰反對毛主席就叫他滅亡！」意思是老子們轉移目標是出於革命的義憤。我們本派的一個工人在臺上越喊越起勁，喊到後來，把那句口號喊成了：「誰反對就叫毛主席滅亡！」

接下來的狀態與前一個喊錯口號的人大同小異：對立一派的人不失時機地衝上戲臺，那位喊滑了口的工人跪在戲臺中間主動向毛主席請罪，旋而另一派「專政大隊」的隊員們用繩子把他捆綁而去，關押起來。

那場批鬥走資派的大會開不下去了，因爲沒有人再敢出頭帶領群衆高呼革命口號。

「社會主義的黃泥勝過資本主義的鋼筋水泥」

江畔給我們描述的宣城境內的「發蛟」雖然可怖，卻還是比不上發大水的情形。

在家鄉健在的老人們的記憶中，他們經歷過的最難忘的發大水有不多的幾次。第一次是一九五四年。氣象學家報道，那一年的長江中下流發生的是百年罕遇的特大洪水，江南梅雨期比正常年景延長了一個月，最高洪水位超過歷史上有記載的最高水位一・四五公尺。淮河流域同時也發大水。在安徽省蚌埠測得最高水位，超過歷史紀錄一・〇三公尺。長江和淮河都決了大堤，江淮平原一片汪洋，四萬餘人喪生。兩條大江均決堤的一個主要原因，是新成立的社會主義中國政府，全盤採用蘇聯的社會主義工程技術。

當時，一個名叫波可夫的蘇聯工程師被派到中國指揮修建長江、淮河下游的堤防。美國人修建河堤是要打很深的鋼筋混凝土地基的，蘇聯人修建河堤的「新方法」則根本不打地基而是直接用黃土從地面修起。中國人仿照這種模式，調集了三百萬民工投入這一工程。中國的一位主要工程師說：我們向蘇聯專家學習，淮河岸邊的泥土像大洋彼岸的鋼鐵一樣堅固。然而當一九五四年河水猛漲時，這種堤防很快倒塌，根本抵擋不住特大洪水的衝擊⑤。

金寶圩的老人們從不知道他們遭遇背後的這些抽象的意識形態，他們告訴我們晚輩的，是正規典籍上不會記載的瑣事。那年夏季的汛期，除了很老的老人和很小的小孩，男女整勞力、半勞力都日夜守在大圩埂（即江堤）上。十天半月浸泡下來，下肢皮肉都泡成豆腐皮了。尤其是女農民，很多得了終生的婦女病，苦不堪言。那一代的金寶圩人，普遍有兩種慢性病——關節炎和「心口痛」即胃病。

我舅舅他們村子守護的那段靠近「斗門」的圩埂，老是滲漏水，什麼方法都試過了——

⑤ 張金鑒、李義庚等編譯：《世界重大災難縱覽》（北京：東方出版社，一九九三年八月第一版），頁四一三—四一四。可以相當有把握地說，這位「中國的一位主要工程師」，是當時水利部的重要官員。

打樁、扔沙包、下石塊、灌漿等等，就是剎不住江水朝圩裏滲透。這樣的滲水是令人心悸的定時炸彈；只要滲水處出現更大的漏洞，這段圩埂就會在頃刻之間被沖塌。百里江堤，危在旦夕。大家商量了半天也沒有好方法，年紀大的一位農民發話：「只好勞駕哪位水底功夫好的紮個猛子潛下去，看看圩埂腳下到底有什麼毛病？」

這是個非常合理又非常玩命的建議。大圩埂的外邊是下不去的，那邊的滔滔江流太急，幾百斤的大沙包都被它不費吹灰之力地席捲而去，何況一個活人！只能從圩埂的內圍潛下去。農民們什麼現代潛水設施都沒有，用的還是宋朝的技術，像《水滸傳》裏的浪裏白條張順一樣，嘴裏叼根蘆葦桿，拼命往下沈，沈到一半下不去，手裏還得提一隻十幾斤重的石鎖「加碼助墜」。

一個好漢的潛水功夫仍不夠，兩個年輕的農民輪流沈浮。幾番上下，他們終於發現了那段圩埂滲水的奧秘：原來底下有一個烏龜穴。那隻老烏龜連同幾隻烏龜蛋被捕捉上來，用石塊將龜穴填實，才保住了圩埂。

我後來問舅舅：「那只大烏龜呢？」我愛吃烏龜肉，特別是水烏龜肉，山烏龜肉有時臭臭的，水烏龜肉卻是極細嫩、香潤，又是滋補之物。舅舅說，那烏龜很老，看龜甲已經在兩百歲以上，差不多有小稻籮口那麼大。他們不敢吃它，怕是快成精的烏龜，於是燒了兩枝香，把它送到遠遠的地方放生了。

防口

在追記身旁的水災之口述史方面，我感到慚愧之極乃至罪過的，是一九七五年八月發生的那個事件。那一年的七月底，我被選派爲「工農兵學員」，進合肥工業大學「上、管、改」⑥。八月下旬我坐車到合肥工大準備新學年，班上四十多位同學中有三分之一來自皖北。一入學，我們就被動員要捐獻衣服、日用品、糧票油票和——如果能擠點出來的話——鈔票，給皖西北和豫東南的災區。合肥市和周圍城鎭的居民們也在普遍被動員作捐贈，能夠拿出來的東西都接收，哪怕是一床破棉被、一雙舊膠鞋、一隻搪瓷缸。

在當時官方公開的媒體和不公開的政治會議上，並沒有一絲一縷的消息，交待河南東南部和安徽西北部發生的水災是怎麼回事。皖北來的同學提及這次水災，都閃爍其辭，只是一

⑥ 此乃毛澤東教育革命路線的重要環節：新型的工農兵學員不僅僅是「上大學」，同時要「管大學、改造大學」。

句半句「全淹了」，「可厲害！」。唯一使我朦朦朧朧地感覺到這次水災後果或許不輕的，是從社會上聽到的皖北一帶所有的醫院的病床和許多種內服外用藥品都不夠用的傳言。

直到一九七八年春節，我與一位淮北阜陽來的同學喝多了幾杯酒後，才從他嘴裏聽到，那場大水把一個村子一個村子都給洗掉了，淹死的人像木樁子飄在水面上，數都數不清。我以爲他是酒後的浪漫主義言論，沒太當眞也沒跟下去追問細節。要是我當時追問下去，周圍找得著的目擊者當會不少，他們的口述也可能在我手下變成白紙黑字！過去這些年裏，陸陸續續從河南和安徽傳出來的訊息，描繪出一幅眞正是比毛骨悚然還要令人驚駭的圖景⑦。

一九七五年八月四日，該年度中國大陸編序第三號的颱風在福建省晉江登陸，穿越江西、湖南，進入河南，在該省東南部淮河上游地區滯留，造成連續四天的特大暴雨。在暴雨的中心駐馬店西邊的林莊，最大六小時降雨量爲八三〇毫米，最大二十四小時降雨量爲一〇

⑦ 迄今爲止，關於這場浩劫的最重要的細節，大部分來自一篇非官方的採訪記，題爲〈世界最大的水庫垮壩慘案——板橋、石漫灘諸水庫「七五·八」失事備忘錄〉，作者筆名「己巳」，收入戴晴、薛煒嘉編：《誰的長江——發展中的中國能否承擔三峽工程》（香港：牛津大學出版社，一九九六年第一版），頁一八五—二〇五。其中的幾個資料在「中國水利報社網路中心」製作的〈中國水利·淮河流域〉裏，有相應的證實。

六〇毫米。據說，前者破了世界記錄的七八二毫米，後者破了中國記錄。換句話說，一天一夜裏，平地上落下的雨水深及胸膛；在這個丘陵地區的山溝、窪地裏，那還了得！

暴雨中心的山區，大中小水庫星羅棋佈，有上百座（另一官方統計數位說，加上土法上馬的小水庫，有四百多座）。它們都是在一九五〇至一九七〇年代根據毛澤東治水路線修建的，主要目的是爲著蓄水灌溉，排水泄洪的功能被輕視。兩大水庫板橋水庫和石漫灘水庫的設計蓄水量，分別爲近五億立方米和稍超過一億立方米。可是在它們周邊的暴雨區，四天之內已經產生的水量幾十倍於此！

即將陷於滅頂之災的這片水庫區，其時卻是通訊中斷、交通阻絕、險情不明、領導混亂、防汛器材缺失。八月七日上午至八日清晨，淮河上流的板橋、石漫灘兩座大型水庫和竹溝、田崗等五十八座中小型水庫一一潰壩。超過六十億立方米的洪水，形成了高達五至九米、寬及十二至十五公里的巨浪，以迅雷不及掩耳之勢，蕩滌豫東南，旋即漫溢皖西北，受災人口超過一千二百萬。此後十多天裏，被困在大水之中的災民撈到什麼吃什麼：死牲口、爛南瓜、小蟲、樹葉等等。直接被淹死的老百姓達八萬五千六百人，加上水災期間死於瘟疫和饑餓的，總共有二十三萬人⑧。

所有這一切均發生在我們進入合肥工業大學的同一個月，發生在我們的近旁——合肥距離皖西北災區的中心臨泉縣城只有兩百公里，臨泉西邊一步跨過省界，便是浩劫之地豫東南。如果把洪水滾滾東來連串造成的破壞也算上，合肥其實就位於大災區的邊界線上。可是當時當地的我們竟然對災情近乎無知。那年頭農村遭難，災民不許出去逃荒要飯，只能守在原地待斃。能夠把世界歷史上規模最巨大和後果最慘重的水庫堤壩群體崩潰的消息，嚴密封鎖到幾近完美的程度，你不能不佩服這確確實實是「毛主席的英明領導和文化大革命的偉大勝利」！

中國有句流傳了千百年、人人皆知的古諺：「防民之口甚於防川。」其實這話在一九四

---

⑧ 中國官方和專家們對於死亡人數之不同的報告，差異甚大，其中水利部高層報的數位最「謙虛」。參見對這些數位的兩篇辨析：「人權觀察」組織的專文（“The Three Gorges Dam in China: Forced Resettlement, Suppression of Dissent and Labor Rights Concerns.” Appendix III. *Human Rights Watch*, February 1995, Vol.7, No.2），和旅居德國的中國水利專家王維洛的評論（〈一九七五年河南省板橋等水庫潰壩事件的死亡人數〉，《中國觀察》，（二○○三年五月二十八日網上轉載）。

九年以後的數十年裏是站不住腳的。在毛澤東領導之下，防川失誤甚大甚多，防民之口卻是成果累累。「防口」比「防川」容易多了！

一九七五年十一月下旬至十二月上旬，水利電力部在河南省鄭州市召開「全國防汛和水庫安全會議」，部長錢正英在會議上對發生在三個多月之前的那場水庫群體潰壩，作了一個哲學式的總結報告⑨。「哲學式」的與「法學式」的不同，後者必須依據事實、提供細節、追究量刑，前者則要盡可能的空洞抽象、泛泛而談。這篇哲學式的報告之後，錢正英照樣做她的水電部長（以後並逐步晉升），她身邊的那些治水大官們，未曾被報道身受法律的任何處置。二十三萬條老百姓的生命，沒有影響到一名高層領導幹部的命運。當這些領導幹部口口聲聲強調「社會主義制度具有無比的優越性」的時候，你應當相信，她（他）們是真誠的。她（他）們怎麼可能不從內心裏感激這個制度呢？

⑨ 前引戴晴、薛煒嘉編：《誰的長江》，頁二〇三—二〇四。

「發難」

一九九〇年元月初，我在臺北見到同鄉會的一位徐姓長輩，他對我說：「現代的安徽人窮，惹得很多外地人看不起，其實安徽那地方是出人才的。你以壽春（古爲楚都，今稱壽縣）爲圓心劃個圈，半徑三百里之內，出過多少中國歷史上翻天覆地的人物！」

這種說法我倒是第一次聽見；照他的方法劃圈，果然圈出一串人來：管仲、陳勝、吳廣、項羽、劉邦、曹操、周瑜、包拯、朱元璋、李鴻章、段祺瑞、馮玉祥、陳獨秀、王明……。

當時看了這名單，覺得有點怪怪的，但並未細想。若干年之後，讀到一則毛澤東談治水的文章，說是一九五〇年代初期，毛強調（大意）：淮河流域自古多水災，民不聊生，揭竿而起者甚衆。因此，新中國一定要把淮河治理好。

毛澤東一點撥，那串歷史人物名單的「怪怪」之處豁然明朗：他們多數是領頭造反者！《史記》〈太史公自序〉：「天下之端，自涉（陳勝字涉）發難。」在漫長的中國歷史上，陳勝是第一個「發難」（即民衆反抗運動）之失敗的領袖，劉邦是第一個「發難」成功了的領袖，陳獨秀是第一個以共產主義爲「發難」旗幟的領袖……。

淮河之濱，眞乃寇、王叢生之沃土！

發怵

研究水災史的安徽人，往往把南宋紹熙五年（西元一一九四年）視爲江淮平原命運的轉捩點。在這之前，據說得益於早年大禹在當地治水的正確方針，淮河獨流入海，尾閭通暢。江淮大地經濟繁榮，富甲一方，民間至今流傳著「走千走萬，不如淮河兩岸」的諺語。西元一一九四年黃河奪淮，淤斷入海通道；此後的五百年裏，淮河發大中型水災三百五十起。不發水災的年頭，便鬧旱災；民生聊倒，百業凋敝⑩。

我在朱元璋故鄉實習時，聽到當地老農有句格言：「愈窮愈窮」，意思是只要你窮了，倒楣的事就會特別親近你，搞得你愈發貧窮。皖北因爲長期受淮河的欺凌，農業、商業、工

⑩ 安徽省農村調查隊：《安徽農村反貧困問題的思考》（安徽：安徽省無爲縣扶貧辦公室，二〇〇二年發稿）。

業均不發達，被戲稱爲「第九世界」（中國是第三世界國家，那兒是第三世界國家裏的第三世界地區）。每當淮河發大水，威脅到經濟發達區域的關頭，這第九世界就要被充作蓄洪泄洪之地，讓你爲別處作自我犧牲。二〇〇三年六月至七月，淮河流域發生了一次比一九五四年的稍小一點、比一九九一年的稍大一點的水災（用中國大陸官方媒體的術語，「百年罕見」）。爲了保護下游江蘇省的經濟富饒區域不被淹沒，安徽省的北部和中部被黨中央和國務院光榮地選中，作爲泄洪之地：讓這一塊貧窮的土地和這塊土地上的貧窮人民，承受開閘放水、挨浸受泡。截至八月上旬，全省一半農田（三四〇〇萬畝）受災，二百多萬人被水圍困，三十五萬間房屋倒塌，受災人口二千七百萬，直接經濟損失一四三億元人民幣⑪。按照政府文件的規定，這些經濟損失的百分之五十，在理論上由政府補貼，其餘的由災民自己承擔。政府理論上的補貼和實際上的補貼，可以相差幾倍。看著自己一年的耕作果實——再過兩個星期就是豐收季節了——被治水官員有形的手開閘漫水，農民只好對記者說：「秋天被淹掉了。」而淮河泄洪最關鍵的工程王家壩蓄洪閘（位於皖西北阜南縣），自一九五三年建成以來的五十年裏，已經有十三次開閘泄洪。那地方的窮光蛋們，已經被命令奉獻十三次了

⑪ 香港電臺（RTHK），「二〇〇三年八月十八日由安徽省安慶實地報導——『災後故園』」。

——讓你奉獻沒商量⑫。

你試著設想：假如你的家園在五十年裏被人爲地淹毀十三次，你怎麼安排你的生計？倘若這種頻繁淹毀的狀態在未來五十年裏保持不變，你怎麼籌劃你的後代的未來？

別急著回答，還有比這更令人發怵的前景。

截止二〇〇三年中，中華人民共和國境內共有八萬六千座水庫。這其中有毛病有危險的大型水庫一四五座，中型水庫一一一八座，小型水庫二萬九一五〇座，占全部水庫總數的百分之三十六。有病有險的原因包括水庫自然老化、養護維修不周全、使用管理不當、設計建造時就有工程素質問題。從一九九一年至二〇〇三年，官方承認至少有二三五座水庫堤壩垮塌⑬。

設計建造時就有嚴重工程隱患的水庫應該拆除，其餘有病有險的水庫應該及時維修——任何一個理性的人都會得出這個結論。可是，在中華人民共和國，來自納稅人的水利建設款

⑫ 高昱：〈奉獻的災民不僅僅需要感謝。〉，《商務周刊》二〇〇三年八月，第十五期〈編者導語〉。

⑬ 田毅、許聖如、李紅兵發自江西、安徽、湖北的報道：〈中國水庫大壩憂患〉（廣州：《二十一世紀經濟報道》，二〇〇三年六月十二日）。

項——儘管逐年顯著增加——卻很少撥作病險水庫的拆除和維修，因爲這雖然對普通人民有利，對治水官員們卻利益菲薄，遠不及興建新的大的水庫，能夠爲他（她）們個人帶來豐沛肥厚的政治和經濟回報⑭。

安徽的老百姓把水庫稱作「頂在頭上的一盆水」——水庫絕大多數修建在地勢較高的位置，向附近地勢較低的城鎮和鄉村供水。由於天災人禍，這一盆水有時候是會翻然倒扣下來的。在十三億芸芸衆生的頭頂上，有幾萬隻這樣的水盆，其中有一隻天下第一大。

一九八七年，時任「中國人民政治協商會議」全國常委或委員的八位專家學者——喬培新、孫越崎、林華、千家駒、王興讓、雷天覺、徐馳、陸欽侃——在題爲〈長江三峽工程害大於利〉一文裏警告：

一九七五年八月，蓄水量總共只有六億立方米的河南板橋水庫和石漫灘水庫潰

⑭ 原中國水利水電科學研究院高級工程師陳實對此作過很好的總結：〈爲什麼中國至今水旱災害無窮?——簡評五十年來的中國水利工作。〉《當代中國研究》，二〇〇二年第四期，頁一二三—一二四。

壩，便奪去約二十三萬條人命。三峽水庫蓄水量達二二〇至二七〇億立方米，四十倍於板橋、石漫灘二者的庫容量。若一場類似的災難襲來，潰壩的三峽工程將會以每秒二十萬至三十萬立方米的流量，衝擊武漢和長沙等城市。如此規模的災難和它造成的人命傷亡，幾乎要超出我們的想像能力⑮。

即便是規模難以想象的破壞力量，對老百姓負責任的科學家也得要去推算。清朝同治九年（西元一八七〇年），長江遭遇千年一次的洪水，在宜昌下面附近的流量達每秒十萬零五千立方米（根據洪水痕跡推算；宜昌站測得一九五四年大水災中，長江洪峰實際流量是每秒六萬六千八百立方米）。換言之，若天災人禍（包括戰爭）導致三峽水庫潰壩，其洪水傾瀉的威力將是千年一遇的水災的二至三倍。這便是爲什麼中國的老物理學家（也是一九五七年的大右派）錢偉長，在一九九一年撰文痛陳其厲害：「一旦失誤，長江下游六省市將成澤

⑮ 田方、林發棠、淩純錫主編：《論三峽工程的宏觀決策》（長沙：湖南科學技術出版社，一九八七年十一月第一版），頁六十六。

國，幾億人口將陷入困境⑯。」

一九八九年春天之後，那八位「全國政協常委和委員」，除一位之外，全被掃除出「全國政協」，不再允許他們發表反對長江三峽工程的言論。

在一九九一年四月發表了反對建立三峽大壩的錢偉長，立即遭到內部的批評，被迫撤回自己的意見。一直是三峽工程「反對派」領頭人物的李銳，被以江澤民爲核心的黨中央禁止再在知情的專家學者幹部之間作串聯。

結語

最令人發怵的，不是令人發怵的事情本身，而是禁止人們公開討論令人發怵的事情。

⑯ 錢偉長，〈海灣戰爭的影響〉，（北京：《群言》雜誌，一九九一年四月號）。

淚與血篇

1969年，武鬥被制止，紅衛兵運動告終，
百思不得其解。

藏書・焚書・撈書

在向讀者諸君交待我最早的兩批藏書之前，我必須對「藏書」下一個準確的定義。我是學哲學出身的，不能忘記了自己的職業病——在談論具體之前須得討論抽象，否則會被早年的同行們笑話。

依照我的理解，「藏書」應該是屬於個人預備長期保存但同時又並非自己上學時規定所用的課本的書籍。所以，讀過就隨手丟到一邊不在乎其存亡的書，當然算不上是「藏書」。再者，若某人讀書時的課本也算作是他（她）的「藏書」，則人人皆知他人最早的藏書是什麼——小學一年級的課本。倘是這樣，任何人敘述自己的最早的藏書也就變得無聊了。

得書和焚書

我的第一批藏書總共只有兩冊，一冊是清朝末年的木刻本鄭板橋手書的《板橋家書》，一冊是民國初年的拓印本鄧石如篆書的《李公廟碑》。《板橋家書》不但有文字，而且有幾幅墨竹，文圖均刻得精致飄逸。鄧石如別號「笈遊道人」、「完白山人」，安徽懷寧人，是乾隆年間的名書法家和篆刻家。那本《李公廟碑》是用上等宣紙拓印的，通篇氣韻圓潤，筆刻傳神，彷彿是這位大書法家不日之前揮墨而就。

我的這兩冊藏書是一九六五年新春時節得到的，其時我剛讀初中一年級。書來源於我的大舅，一個連自己的名字都不認識的木訥老農。在我的家鄉皖南宣城金寶圩，歷代傳承著一句民諺：「三代不讀書，放出來一窩豬。」意思是說：任何一個家庭，如果三代之中沒有任何一個人上過學堂，這一家的後代就會變得無知無恥如一群畜牲。起於對這種可怕的後果的擔憂，那兒的務農之家很多都供著一個手工木製的書箱，其位置多半是懸在一進大門正面的「堂間」（即客廳）的牆壁上。書箱的右下方亦即堂間的正中是一架窄長高足的條桌，上面供著「天地君親師」的牌位。牌位前面有香爐，每逢農曆節慶和重大的家族紀念日便會燃香焚祭，因此書箱的下部往往被熏得漆黑。這初看起來彷彿是損壞了「聖賢書龕」，其實是以「土科學」的方法保護了書箱。經過多年的煙熏的木箱，對多種蟲害有了免疫力，可保數代無事。

極爲奇怪的是（這是我多年以後的疑問），這一整套的「封建四舊」竟然能夠從一九四九年「解放」一直保持到一九六六年夏初，期間經歷了包括「社會主義教育運動」即「四清」在內的歷次政治運動而沒有被掃除。只是到了這一年仲夏那場「大革文化命」的十二級紅色颶風興起之時，那些古舊的書箱、供桌和牌位才被徹底地掃進「歷史的垃圾堆」。可見當時那句源於毛主席語錄的口號「這場文化大革命是非常及時的、完全必要的」云云，還眞是有點兒根據?邪乎!

窮苦不堪供不起一窩孩子上學的金寶圩的農民們，希冀在家裏供一個書箱來讓自己的後代沾點文字的「靈氣」而不致於墮落成豬狗。我的故鄉的一字不識的農民們眞地相信文字有靈氣；他們對一切有字的紙片都極爲崇敬，玷污字紙被認爲是對孔夫子乃至上天之大不敬，會遭到雷擊。他們偶爾得到半張舊報紙或由城裏寄來的一頁信，讀後都要挖個小坑埋起來，或者至少是放進灶堂裏燒掉。有一次我親眼見到么舅用鋤頭從巨大的糞坑裏撈起一片被別人用作手紙的舊報紙，用棍子夾到河溝裏洗淨，然後再埋進土裏。當地的農民們很少買得起衛生紙，大便後都是順手撿起土塊樹葉擦屁股，但他們就是不以廢字紙作手紙。這種古舊的習俗直到一九六六年夏秋才被文化大革命「革」掉①。

我的故鄉的老農對文字所抱的那種宗教一般的崇敬態度，我在金寶圩之外的大千世界裏只親眼見到過一次。二〇〇二年初冬，我應邀赴臺灣南部高雄的國立中山大學出席學術研討會，會後我的朋友的朋友們開車陪我逛市郊幾公里外的美濃客家村落。在熱鬧的小鎮的正中央，有一處黑舊的遺址，路標告訴遊客這是「焚字爐」。從古時候起由中原漂流異鄉的客家人，仍然保留著古典時代的風俗，恭敬地把一切印刷或者手寫有文字的紙張，捧到這個專門的地方焚燒處置。濃重的暮色之中，我站在這處遺址之前，除了深深地躬背作揖，難以有其他的表示。剎時間我感悟到，我們金寶圩的人和這些客家人，都是走動著的宋明時代的出土

---

① 這種古舊習俗被革掉的一個直接後果，是「現行反革命行爲」急劇增多。一天清晨，上茅坑大解的一個紅小兵（小學生的仿紅衛兵組織），從他的兩胯之間隨眼往下一看，發現了「階級鬥爭的最新動向」：糞池裏有毛主席的頭像，是印在一張革命造反派報紙上的。於是，鄉村小學校裏所有的人都被動員起來追查誰幹了這件現行反革命行爲。結果一個家庭成份不好的校工被「專政大隊」捆走。那年頭，差不多所有的報紙雜誌文件布告傳單信箋上，都印有毛澤東的頭像。那年頭，農村和小城鎮裏又基本上沒有電燈照明，半夜三更上茅房便成爲政治上倒大楣的重要源泉。

文物。

金寶圩農家的書箱裏多半收存有《百家姓》、《千字文》、《四書》之類。我大舅家的書箱裏還有《古文觀止》和《唐詩三百首》，這些線裝書相傳是我的一位英年早逝的舅舅遺留下的。那位舅舅是同輩孩子中唯一上過幾年學堂的，年輕時好像還投奔過什麼國民軍抗戰義勇隊；在隊伍裏得了肺癆，返鄉後不治而殆。大舅家把這批遺物視爲珍寶，指望自己八、九個孩子中至少有一個能夠被生前聰敏好學的亡靈保佑，上個學堂。我所以能夠得到遺物中的兩冊，是由於我在父親去世後差一點淪爲「小要飯的」的境況中，竟然考上了安徽省的一所重點中學。

那兩冊書被我珍藏在一口黑舊莊嚴的衣箱裏，時常拿出來翻閱欣賞。其時我練書法練得入迷，眞想仿照《板橋家書》練起來，可是陳老師的告戒止住了我：「你沒把楷書、魏書、隸書、行書四種體練好就去學板橋體，等於是沒學會爬就想飛跑。鄭板橋功夫深，才能寫那樣的怪體。功夫淺的人模仿他會把字寫得油滑輕佻不堪入目。」我對板橋體沒敢練，對《李公廟碑》的篆書又不怎麼想學，於是那兩冊書就珍藏著以爲未來之用。時不時地我會拿它們出來照照太陽光；作爲宣城人，我自小就知道宣紙印刷的書，保管得好可以幾百年「金身不壞」。

一九六六年六月的一天上午，我忽然聽到不遠的街道上（那時我家已經搬到縣城裏）鑼鼓喧天，口號震地。隔壁的一位工人家屬阿姨告訴我：「這是掃四舊的文化革命宣傳隊來了，挨家挨戶動員，要大家主動清理自己家裏的四舊，找出來就丟到街上砸爛燒掉。」我一聽腦子就嗡了：在學校裏我也參加了掃四舊的文化革命宣傳隊，馬上就要開到四鄉八鎮去橫掃。萬一別的掃四舊宣傳隊跑到我家來發現了四舊，我豈不是成了一個「假革命派」？被貼上「假革命派」的標簽後再變成「眞革命派」就不那麼容易了！於是我立刻奔上我棲息的閣樓小室裏，取出那兩冊舊書燒了。

這便是我的第一批藏書的下場。

當年我從未公開承認的是：我一直對那兩冊被焚燒的舊書戀戀不忘，對將它們燒掉的「革命必要性」不以爲然。因爲據我當時所知，咱們偉大的領袖和統帥也練書法，也臨懷素和尚和張旭等人的舊帖。可是那年頭不敢那麼公開爭辯——你不想要命了？他是誰，你算老幾？正像京劇《龍江頌》（當年八大「革命樣板戲」之一）中的唱辭所道，「堤內損失堤外補」。那場使我失去第一批藏書的紅色革命風暴，很快又給我刮來第二批藏書，而且多得多。

偷書和撈書

我所就讀的安徽省宣城中學，是建於十九世紀與二十世紀之交的古老學堂，擁有一所很大的圖書館。一九六六年冬季，學校被我們紅衛兵擅自改名成「惲蕭戰校」，因爲中國共產黨早期的著名活動家惲代英和蕭楚女曾在該校任教。而我們一直不知道的是，當年冒著與省政府高官正面衝突之險，力聘惲、蕭二位年輕才俊的校長，竟是日後被執政的中國共產黨打成頭號「大右派分子」的章伯鈞先生！在紅旗下生長的我輩，其實很多年裏根本不知道宣城中學歷史上最著名的校長便是章老先生，因爲官方校史上從來見不著其人其名②！毛澤東的哲學著作裏充滿了有關「實事求是」的論述，能夠將「實事求是」貫徹到這個水平，也眞是不容易的事。

---

② 章伯鈞先生的女兒章詒和於二十一世紀初寫出的文章，回憶了她父親那一輩被打成大右派的始末，那是我讀到的這類文字中的上上品。她的大作於二〇〇四年初以〈往事並不如煙〉爲名在北京出版，兩個月後被禁。

原宣城中學的名字雖然被革命化了，那座圖書館依舊被認定是「集封資修之大成」的罪惡淵藪而遭到查封。所有的門窗都被寬厚的木條釘死，並且還加上蓋有「憚蕭戰校革命造反委員會」大印的封條。這個大印章也挺有意思：它不是如通常的機關大印章那樣是圓形的，而是方形的。原因是我們紅衛兵革命小將覺得圓巴巴的章不氣派，大方形印才顯示出「革命造反派的豪邁風格」。其實，方形印章乃是中國千百年來官府印鑒的格式。「最最革命」的紅衛兵，喜歡上「最最封建」的東西，也是一絕。

我們這幫革命小將們起先全身心都系於革命造反，每日提著漿糊桶、大刷把上街貼大字報，參加唾沫飛天的大辯論，直到午夜方歸。十幾個人睡在地板的通鋪上，互相嗅著對方的臭腳恬然入睡。第二天淩晨就被播放著「東方紅」樂曲的高音大喇叭喚醒，繼續革命，毫無閒暇。

可是待到學校裏和本地區黨政機關的頭頭腦腦統統都被我們揪鬥批判、戴高帽子遊街以後，我們的日子就變得有些無聊了。其時尚未進入到真刀實槍的武鬥階段——到那一階段我們成天忙於擺弄從軍隊裏搶來的高射機槍迫擊炮，不亦樂乎。這時就有學生紅衛兵提議：何不趁此時從圖書館裡弄些小說出來讀讀，特別是那些文化革命之前只准教師借閱、不讓學生接觸的「大毒草」，諸如司湯達爾的《紅與黑》、羅曼·羅蘭的《約翰 ·克利斯朵夫》、蕭洛霍夫的《靜靜的頓河》、巴金的《家春秋》等等，那有多過癮！

這個建議一出，我們的心就像被小蟲蟲爬著搔著一樣，再也不得安寧。雖然圖書館的門窗都已經被封死，那也休想難倒革命小將們。一位夢想成爲大詩人、能夠大段背誦聞一多、郭沫若、拜倫和普希金的王瘦生，首先探測到可以從隔壁一間教室的天花板上長途「爬」涉到圖書館的上方，再由天花板的通氣窗下降到書庫將書盜出來。王瘦生讓身邊的好友（包括我）分享了他的這項智慧產權。一兩個月之後，書庫裏出名的文學作品就流失了一大半。

那些嫌爬天花板通道太費事的紅衛兵小將，乾脆就光明正大地撬開圖書館門窗的厚木封條，大搖大擺地從書庫裏把書朝自己的宿舍運輸。一九六七年底這個陰冷的冬季還沒有完結，有著七十年歷史的宣城中學圖書館就完結了。

藉由天花板通氣窗，我順著一根他人設置的粗繩索溜下攀上，盜得了大半套精裝本《魯迅全集》和契訶夫、萊蒙特夫、莫泊桑等人的小說。在被其他學生篩選剩下的廢棄書堆裏，我揀到了十幾冊馬克思恩格斯著作單行本，幾冊《列寧全集》和《史達林全集》、蘇聯科學院集體撰寫的《哲學史》譯本多冊，以及狄德羅、盧梭、費爾巴哈、古希臘羅馬哲學家等等的理論著作。

對其他中學生來說太過莊嚴枯燥的這些馬列主義著作和西方古典哲學書籍，於當時當地的我，卻實在是雨中傘、雪中炭。我是當地最最激進的那一派紅衛兵——「八・一八暴動團」③——的輿論主將，要連續不斷地生產「血淋淋的戰鬥檄文」。可是當時的我內心裏已經對這場運動的動機和效果發生了嚴重的疑問，這些疑問對於一個十四歲的初中二年級的學生來說，實在是太深奧太困惑了，孤獨地閱讀理論書籍於是便成了我上下求索的唯一途徑。我先是閱讀最容易讀的史達林著作，不怎麼感興趣。然後轉向閱讀列寧的著作，這才有了一些收穫，但還是不甚滿足。

於是進而閱讀馬克思恩格斯全集的分冊，一下子就找到了知音和良師④！這些通過非常手段所獲得的馬恩列斯著作和西方古典哲學書籍，成了我的第二批藏書。為了表示它們對我的精神上和實體上的永久不可分割性，我在每一冊書的扉頁蓋有「安徽省宣城中學圖書館藏

③ 在文革語言體系裏，「八・一八」是一個神聖的符號：一九六六年八月十八日，毛澤東在天安門城樓上接見紅衛兵代表，佩戴上紅衛兵袖章。這個日子於是成為紅衛兵激進運動的「聖封日」。「暴動團」源於毛澤東一九二七年九月在湖南發動的「秋收起義暴動團」，紅衛兵組織中最激進的一翼通常會採用這個名稱。

④ 中國大陸普通老百姓對馬克思、恩格斯、列寧、斯達林、毛澤東有一個直觀的比較：「馬恩列斯毛，鬍子一個比一個少。」有些異端的中國青年知識分子，以為這五位的理論水平似乎也與他們的鬍子成正比。

書」的小圓印上，莊重地簽上了自己的大名，這就完成了「產權改革」。日後我去上海讀大學和到北京的研究所工作，都攜這些書同行。只是一九八四年八月下旬在赴美國留學時沒敢帶著，生怕中國海關不放行。爲什麼怕？說不上個道理，似乎很不合邏輯，可就是怕。

一九八五年初秋當我進入哈佛大學攻讀博士學位時，一位從未到過中國也不研究中國問題的美國同學Blanford聽我說，我的獨立思考的自由主義精神最早乃是得於馬克思，他極爲困惑。在他這樣的美國知識分子眼裏，馬克思著作是共產黨用來給老百姓「洗腦」的，怎麼可能培育出獨立自由的精神？我於是把青年馬克思〈評普魯士最近的書報檢查令〉一文裏精采的論述的英譯文複印了給他看，其中最後一段是：

你們讚美大自然悅人心目的千變萬化和無窮無盡的豐富寶藏，你們並不要求玫瑰花和紫羅蘭散發出同樣的芳香，但你們爲什麼卻要求世界上最豐富的東西——精神只能有一種存在形式呢？……每一滴露水在太陽的照耀下都閃耀著無窮無盡的色彩。但是精神的太陽，無論它照耀著多少個體，無論它照耀著什麼事物，卻只准產生一種色彩，就是官方的色彩！精神的主要的表現形式是歡樂、光明，但你們卻要使陰暗成爲精神的唯一合法的表現形式，精神只准披著黑色的衣服，可是自然界卻沒有一枝黑色的花朵……⑤。

讀了這段獨立不羈、大氣磅礡的評論，那位美國同學——他日後成爲著名的研究宗教與英國詩歌的專家——終於相信了爲什麼我的獨立精神和自由主義最早源於馬克思！在臺北聯經出版公司一九九一年出版的我的《從「新馬」到韋伯》論文集的序言裏，我描敘了我在資本主義的心臟美國自覺地宣傳馬克思主義的經歷，可是直到今天也沒有見到中共中央宣傳部通文嘉獎。

贈書和還書

一九九四年初春，我回到闊別十年之久的母校宣城中學。此行一是去探望貨眞價實的老師們，即年紀很老但仍未改行的教師，二是去贈送一批我爲母校購買的書籍，三是去歸還那些四分之一個世紀以前被我以「革命」的名義所佔有的原屬於宣城中學圖書館的書籍。

⑤《馬克思恩格斯全集》（北京：人民出版社，一九五八年第一版），第一卷，頁六——八。

母校對我很熱情，特地召開了一個規模接近於最大的歡迎會。最大的歡迎會開不成，是因爲全校最大的會議廳裏堆放著冬天必備的煤炭；沒有它，食堂就生不起灶火。極具聲望的全國特級語文教師陳小平先生對聽衆們介紹我說：「他這次回來是向母校贈書，其中有些是國內外著名作者題辭簽名的珍本。」陳老師爲非尊者諱，沒有提到我贈書的重要原因之一是什麼。我對滿會堂臉露感激之情的學生們交待說：

> 我這次回來不但是爲著向母校贈書，同時是爲了還書（我描述了當年劫掠學校圖書館的經過）。這次我決意不把當年簽在每册圖書扉頁上的自己的大名塗掉，是爲著給你們和以後的同學們留一個紀念，以讓你們知道，在一個古老的文明發祥國，在一所歷史悠久的學校裏，在二十世紀六十年代的中期，曾經有過這樣一批莘莘學子，他們以「文化大革命」的名義，毀掉了文化傳承的基本設施——圖書館。我當年瀟灑地把自己的名字簽在宣城中學圖書館的藏書印之上，客觀地講，是一種無恥行爲，即缺乏羞恥的意識的所作所爲。我希望今後宣城中學的歷屆校友們，能夠盡自己的財力向母校圖書館贈書，而不要像我們當年那樣盡自己的力量去破壞母校的圖書館。這樣的話，這所學校在未來的歲月裏就不會衰亡。

圍城・馳援・被圍

文化大革命期間安徽省整體在武鬥方面的表現，是遠遠遜色於重慶（當時算是四川省的一部分）、廣西和東北的，但又比大多數的省份出色，所以在全國屬於中上游。這個基本的自我評價必須「醜話說在前頭」，不然會惹得表現更爲出色的地區的人們憤憤不平。

「少將」碰上「小將」

當全國很多地區的武鬥已經起步，安徽的淮南、安慶和蕪湖等戰略要地的局勢日趨嚴峻，本省的駐軍變得不管用之際，毛澤東親自下令原來駐紮在江蘇北部的野戰部隊第十二軍，於一九六七年下半年開進安徽，實行軍事管制，以圖阻止武鬥大火越燒越烈。

這十二軍剛一開進安徽，本地的紅衛兵和造反派中間就流傳：十二軍當年在朝鮮戰場上戰功平平，雖然也上過上崗嶺，卻是沒有打過什麼特別有名的硬仗云云。這很可能是惡毒的反革命謠言，但沒有人去核實，倒聽信了它；所以對這支奉欽命入皖收拾亂局的部隊，大家並沒有表示出什麼敬意。當十二軍軍長李德生——他是一九五五年解放軍第一批授軍銜時被封爲「少將」的——召集武鬥兩大派的頭頭談判停火時，紅衛兵小將們斜著眼睛瞪他：「你算老幾，讓我們放下槍桿子？你不過是個少將，比我們小將只多把指揮刀」。——意思是「少」字下的那一撇。

可就是這位李德生，卻立刻表現出不同凡響的政治天賦。時至一九六八年年中的他，也有五十歲出頭了；爲著勸說蕪湖市鏖戰的紅衛兵和造反派們別再把武鬥升級了，他竟然打著綁腿、穿著草鞋——這是當年紅軍長征的標準行頭——不戴鋼盔、不攜警衛、不佩手槍，隻身攀登雲梯，爬上三、四層高的武鬥據點大樓，從架著機關槍的窗口鑽進去。

這可是玩命的勾當！他爬雲梯的時候，兩派還在隔著大街對打，步槍、機關槍點射連射沒停過。他這麼一招，還眞管用！紅衛兵們認他是條硬漢子，就服了他，把大街上的武鬥據點給撤了。

李德生一身紅軍打扮隻身入虎穴做紅衛兵思想工作的作爲被毛澤東知道了，大爲賞識，稱他是「政治將軍」，有頭腦。一年多後，就破格提拔他爲「中國人民解放軍總政治部主任」（此乃上將或大將級別的要職）、中共中央副主席，一步登了天。所以我們紅衛兵小將說他是「先登雲梯後登天」；當著他的面，再也不敢幽他的默，說「你是小將多把刀，我們是少將沒帶刀，哥們彼此彼此」。

圍城

我本人在紅衛兵武鬥中的表現，似乎還比不上安徽省在全國武鬥中的表現，排列不到中上游。因爲年齡小、個頭小、又戴著副近視眼鏡，所以我根本就沒有被編進「武衛隊」，而是在「文攻隊」裏任一員幹將。

但是我不甘心於遠離硝煙的文攻生活，只要哪裡有大的武力衝突，我都會插上一腳；從「文革」開始直到結束，都跟有驚有險的日子沾著點兒邊。第一次的大危險，算是一九六七年的「一・一四事件」。

那年的一月中旬，位於安徽佛教聖地九華山腳下的青陽縣城的紅衛兵告急：他們被幾萬農民包圍了；數日之內，會斷糧、斷水、斷醫藥、斷通訊。

農民進城包圍紅衛兵和造反派，是「文革」早期大規模武力衝突的典型方式。按照中共「黨政軍一元化領導」的體制，從省到地市到縣到人民公社，各級政權黨委會的第一書記，同時兼任該層級地方武裝力量的「第一政委」。「地方武裝力量」在省和地市層級上是「軍區」和「軍分區」，統管地方駐軍。到了縣和人民公社層級上，就成了「人民武裝部」，簡稱「人武部」，主要管民兵組織。

被紅衛兵和造反派揪鬥的黨委書記們，級別高的，就往省軍區和地市軍分區裏面躲——那兒是「軍事要地」，門口有大兵荷槍站崗，紅衛兵和造反派在一開始還不敢朝裏面橫衝抓人（過了一陣子咱們就敢了，這是後話）。級別低一些的，就往縣人武部裏躲。縣人武部通常只有一個小院子，躲在裏面容易被外面的人看見，也慫得慌。膽子特別大的縣委書記們不甘心被捉去遊街示衆，甚至會下令調遣四鄉八鎮的民兵，進城護駕。

青陽縣城地處崇山峻嶺之間，縣人武部通過遍佈鄉鎮的民兵系統一聲令下，說是「一小撮反革命右派學生策劃綁架了縣委領導，廣大貧下中農要挺身而出粉碎右派翻天！」並且許諾——這是最打動農民的——進城來護駕的農民，管吃管喝還補貼工分（「工分」是農民下地幹活的計時報酬）。這樣的美差誰不要參加？於是一晝夜之間，漫山遍野都湧出成群結隊的農民，把個青陽縣城圍得裏三層外三層。率領農民大軍圍城的一位人武部副部長發出豪言壯語：「這下子進城抓造反派學生，跟進褲襠抓雞雞沒兩樣，手到擒拿！」

馳援

圍城的民兵和農民們尚未攜帶正規的軍械，那時候的武鬥還沒有發展到這一步。不過，他們絕大多數卻配備著一樣利器——上等樹桿經煙熏矯正、筆直成線、兩端鑲著鐵頭尖刺的扁擔。在我們安徽鄉間，普通農民的扁擔是毛竹做成的，力氣過人的農民的扁擔才是樹桿製作的，能挑三、四百斤不開裂。青陽深山裏的農民的扁擔又高了一等，屬於「奇門農具」：它的兩端包鑲鐵尖，有六、七寸長，平時上山砍柴，不管是成捆的茅草還是成捆的木柴，只要扁擔鐵尖朝裏一戳，一頭一捆，擔起來就走，乾淨利落，省了用昂貴的麻繩。山民們喜愛這鐵尖扁擔，還有兩個原因：深山老林裏碰上野豬豺狼豹子一類的猛獸，這桿扁擔立時成了自衛的獵器；荒無人煙的小徑上與強盜劫匪遭遇，這桿扁擔又成了攻擊的兵器。青陽的山民們多半會幾手武藝，一桿鐵尖扁擔揮舞起來，四、五個壯漢近不得身。

我們宣城的援兵以學生和工人為主，加上普通職員和市民，約有兩千人，徵得幾十輛大卡車，浩浩蕩蕩上了路。過了一個多小時，就與其他縣市來的增援車隊在途中會師。快到青陽縣境的時候，已經前不見頭、後不見尾，數百輛大卡車連接成蜿蜒幾十里的長龍，發出低沈的撼地的馬達聲和直衝雲霄的飛揚的塵煙。

漸漸地，我們前頭部隊到達距青陽縣城只有幾裏路的要道口。我們這幾輛車屬於指揮、協調、宣傳眾核心小組的，配備有當時能夠合法非法弄到的最好的步話機、無線電發報機、小型發電機、播音系統和醫療急救設備。這時已經暮色濃重，四周的山地黑黝黝的，並不見圍城的農民們在入城的要道口設障阻擋。我們估計，十有八九是這幫沒見過大世面的山民們被汽車長陣給嚇跑了——數百輛大卡車的燈光這時在曲折的山道上連成串串火龍，首尾呼應，氣勢攝人。

指揮車發出命令：全體車隊馬上進城，儘快與被圍困的當地紅衛兵和造反派會合，協調下一步的聯合行動步驟。

這一天便是「一．一四事件」的前奏——一九六七年一月十三日。

若干年以後我才注意到，那一天是星期五。很多年以後我才知道，十三號碰上星期五，預示著不是好事。

被圍

一路顛簸趕來聲援的外地紅衛兵和造反派們，隨便找個能睡覺的地方——學校教室、公共澡堂、旅店客棧、機關單位、國營商店、醫院診所——倒頭便睡。我們宣傳組的一小群人，卻必須守在卡車裏，連夜趕編趕印趕發革命傳單。忙到天剛濛濛亮的時候，忽然看到兩個值夜班的人神色緊張地小跑過來，報告我們旁邊那輛負責通訊協調的卡車上的人說：進城出城的交通要道路面統統被挖斷，城周邊樹林裏有多處篝火，人影幢幢，號角聲依稀可辨。

天色越接近明亮，情況越接近明朗。等到冬日早晨的陽光把這個小山城喚醒以後，咱這一方就全然明白了自己的處境——當我們從各縣市趕來聲援被圍困的青陽縣城的紅衛兵和造反派的時候，青陽縣委、縣人武部也在加緊組織更多的民兵和農民趕來增援圍城的人馬。頭一天傍晚我們在入城要道口那裏嘲笑沒見過大世面的山民被汽車長陣嚇跑了的當兒，他們的指揮官和民兵營長、連長們在嘲笑我們這群外地飛來的傻鳥「光著頭鑽刺窩」——路口上原來封城的民兵崗哨撤走是為了「誘敵深入、關起門來打狗」！等到我們的車隊開進城裏，他們就趁著夜色的遮蔽，把四面八方能行駛車輛的道路全給挖開了。

我們連夜趕編趕印的傳單上，把自己一方的「滾滾鐵騎」（汽車大隊）載來的援兵讚爲「飛將軍自重霄入」——那是借用毛澤東一九三一年夏〈漁家傲．反第二次大「圍剿」〉詞中的名句。在傳單的結尾處套紅印著這首詞的下半闋三行：

七百里驅十五日，
贛水蒼茫閩山碧，
橫掃千軍如卷席。

我們的傳單散發出去沒兩個時辰，對方的傳單就撒進城裏來了。那上面也套紅印著毛澤東的一首詞，也是作於一九三一年夏，也是用的〈漁家傲〉詞牌，不過是〈反第一次大「圍剿」〉：

萬木霜天紅爛漫，
天兵怒氣衝霄漢。
霧滿龍崗千嶂暗，

齊聲喚，

前頭捉了張輝瓚。

他們把我們比作一九三〇年十二月底在江西龍崗大戰中被紅軍活捉的「敵軍師長」張輝瓚；張是蔣介石派去圍剿共產黨根據地的「前敵總指揮」。

覓食

青陽縣城裏的我們，已經成了甕中之鼈、籠中之虎。小小的山城裏，頓然增添數千名生猛人口，原本就缺糧的狀況立時變成燃眉之急。我們來的時候也隨身帶了一點乾糧，兩三頓下來，也就基本上給報銷了。那個年頭的我們，除了粗菜糙糧以外，腸胃裏進不了多少油水，肚子的容量也就特別可觀。我們常表示，要是中華人民共和國再來一次軍官授銜，咱們都別爭高低，一律要求被封爲「大尉」（大胃）得了。

到了一月十四日的下午兩、三點鐘的時候，滿青陽縣城裏能停車的地方都停滿了我們的車，能走路的地方都擁擠著我們的人。所有這些竄來竄去的人都在忙著同一件事——找吃的。毛澤東時代的中國城鎮，公共廁所不多，飯館餐廳更少。我們到處亂竄覓食，找的並不是寥寥無幾、空空如也的飯館餐廳，而是「副食品商店」——所有那些賣糕點、零食、豆製品、瓜果和南北幹貨的雜貨店。

我幸運地在一間後街窄巷的小店鋪裏買到兩個麻餅，巴掌大小，約莫半寸厚，加起來七、八兩重。這兩個令很多人眼紅的麻餅，沒有親密戰友盧扁通風報信，我自力更生是斷然找不著的。在臨近街面的所有店鋪都已經被半饑餓的造反派戰士幾番尋覓以後，精明的盧扁決定不再白費力氣在老地方周旋。他讓本地的兩個小男孩領著他找副食品商店，許諾——這是他從青陽縣委、縣人武部動員農民圍城法中現買現賣學來的——只要找到了有吃食出賣的店鋪，就給他們每人買一根棒棒糖。那兩個男孩沒命地領著盧扁奔後街穿小巷挨店挨鋪地搜索，終於找到了一家還有少許麻餅和董糖（通稱「酥糖」）的小店。盧扁掏出了他口袋裏所有的鈔票和糧票——那年頭買食品只有鈔票是不成的，還得有糧票；我們城鎮戶口的中學生，每人每月二十一斤（市斤）糧票——買了六隻大麻餅。我跟蹤而去，買了兩隻，那是我力所能及的大手筆。

我這位親密戰友盧扁，用本地老百姓的話說，是「南天門掉下來的一隻豬蹄子——不是凡腳（平凡角色）」。他爸是我們那兒的一個相當有實權的縣政府科局長，但他認定「大造一切走資派的反」是件既必須做也樂得做的事，於是他心甘情願地參加了我們那一派在當地屬於最激進的紅衛兵組織。盧扁的革命造反精神有目共睹，每次召開批鬥大會或者全城大遊行，他都是主動請纓領頭呼口號。這個革命角色的風險程度，諒諸位在本書有關江胖的那一章裏已有領教。我們的盧扁在他不計其數的大出革命風頭的表現中，至少有一次老馬失蹄。那是全城兩大派大遊行的對峙關頭，盧扁是我們這一派的首席口號領呼人，手裏的擴音器揮舞的力度和姿態均恰到好處。就在我們的遊行示威隊伍經過縣人武部院子大門口的時候——造反派都知道本縣最重要的走資派十有八九躲在裏面避難——，盧扁的口號喊得特別激情：「打倒劉少奇，保衛毛主席！」連喊了十數遍後，盧扁終於失口，喊出「打倒毛……」

「毛」字一出口，便構成滔天大罪，罪該萬死，而且是「死有餘辜」。別的人到這一步，都只有雙膝下跪、主動請罪的份兒，我們當時也預期盧扁這下子算是完了，該給「專政大隊」拖走關起來了。誰知他竟然出乎所有人的意料，把那句罪該萬死、死有餘辜的口號，一口氣不停頓地喊了下去：

「打倒毛主席的最最陰險和最最兇惡的死敵大叛徒內奸工賊劉少奇！」

盧扁這一句結構奇特的超長口號喊到最後一個字（他喊每一個字的時候都是汗珠滾滾），全體遊行隊伍的人才把前半分鐘憋著的那一口氣舒了出來，對他死裏逃生的高超伎倆表示由衷的佩服。盧扁的急智——他的腦袋又大又扁又靈光——由此可見一斑。

絕食

當城裏能找到的吃食急速減少的同時，城裏流傳的各式各樣的消息卻急速增加。有人告訴我們，圍城農民中的骨幹力量民兵幹部們暗地裏帶了手槍和手榴彈。又有人告訴我們，城裏已經潛進對方的奸細數十名，分佈於要害地段，以作裏外策應。圍城大軍遲遲沒有攻進城來，主要原因是縣委書記、副書記和縣長等幾個黨政要員被扣押在青陽縣紅衛兵的手裏。紅衛兵們十分清楚，這幾個縣黨政頭頭，是策動民兵和農民圍城的幕後黑手。圍城農民大軍的指揮部早就放話：「你們只要放了縣委領導，我們就散夥回村，抓革命促生產」。青陽縣紅衛兵嗤之以鼻：「紅衛兵小將是革命的孫大聖，火眼金睛早就看穿了你們的詭計！你們先撤兵，咱們再坐下來談判」。「孫大聖」是紅衛兵引用毛澤東詩詞的自譽；毛詩云：「金猴奮起千鈞棒，玉宇澄清萬里埃。今日歡呼孫大聖，只緣妖霧又重來」。

於是就形成了眼下的僵局：圍城大軍不敢立刻攻進城來，生怕紅衛兵急迫之下傷害他們手中的人質，儘管那時候大家還不習慣用「人質」的說法。紅衛兵也不敢突圍衝出城去，對方的力量太大，成千上萬枝鐵尖扁擔結成的陣勢，諒你衝出去幾步也跑不遠，就給生擒活捉。

圍城指揮部的戰術變得越來越淸楚：他們要把城裏的紅衛兵造反派圍困到餓得打不了架、乏得跑不動路的地步，方才大舉入城，不費吹灰之力，一個個活捉我方大小頭目。用他們指揮官的話說，農民們已經準備好幾百副捆山豬的藤條竹簍，要生擒活捉那些膽敢造反鬧事的本地小壞蛋，和膽敢跑來支援他們造反鬧事的外地大壞蛋！

面對這樣的局勢，青陽縣城和外地增援的紅衛兵造反派聯席會議當即決定：從一月十四日下午六時起全體絕食。

這個決定十分及時，反正城裏剩下來能吃的東西也不多了。與其被生生餓垮，不如把餓當作政治武器，與對方攤牌較量。

全體絕食的命令是下午四點多鐘發佈的。盧扁提醒我：六點鐘以後誰再吃東西被發現了，可就等同於貪生怕死、背叛革命。找到一個背開人的角落，我掏出還剩下來的麻餅，高效率地塞進了嘴裏，連包麻餅的那張紙都來回舔了兩遍。

虛脫和解脫

絕食指揮大本營便設在青陽縣委大院裏，縣委書記、副書記和縣長那幾個走資派便扣押在院內的辦公樓裏。我們的汽車停在院子門外兩排，院子門內兩排，爲的是保護指揮大本營。指揮組、通訊組、宣傳組的專用車和小組工作人員當然也在這個核心圈子裏。我們的絕食宣言書言簡意賅：

——勒令青陽縣委和縣人武部立即下令撤圍，遣散民兵和農民返回原村，不得以任何理由再逼近縣城！

——勒令青陽縣委和縣政府火速調送食品、藥品給城裏的紅衛兵和造反派！

——勒令青陽縣委和縣人武部立即交出挑動農民鬥學生、組織民兵圍城的幕後黑手！

——勒令青陽縣委和縣人武部通告境內沿途的民兵組織和農民，不得以任何方式爲返回原地的外縣市造反派車隊設置路障！

印完了這份絕食宣言，我們宣傳組的文攻戰士便橫躺在卡車車廂裏，以保留尚存的那一點點體力，以利再戰。

絕食鬥爭的中心是縣委大院裏的那一塊場地，別處的紅衛兵造反派戰士可以在他們寄宿的室內絕食，而大院裏的那塊場地是露天的。時值一月中旬，夕陽西下之後絕食發起之時，室外氣溫降到只有攝氏三、四度。

報名參加室外絕食的紅衛兵造反派戰士約有三百多人，大家席地而坐，圍成幾個圈圈，每個圈圈的週邊是男戰士，內圈是女戰士。天黑以後，我們升起了篝火，柴薪便是縣委辦公樓裏的桌椅板凳衣櫃書架。我們將家具拖出來，砸碎點燃，邊砸邊大呼「不破不立！」這青陽山區盛產上好木材，家具耐燒，並且散發出鬱烈香氣。

這一夜的絕食到第二天凌晨四、五點鐘的光景，先倒下去兩位體弱者，均是女性。她倆頭暈不支，漸而眼前出現幻覺，抬去醫院，也沒有葡萄糖生理鹽水。找來一點紅糖泡開水給她們喝，她倆堅辭不受，寧願絕食犧牲也不肯中途易弦滋補糖水。

大清早趁著少數當地人出城，我方混雜在其中幾名探子，去刺探圍城大軍的動靜，不幸半數被抓獲。圍城的民兵指揮部捎過話來：如果我們在城裏傷害了他們一派的戰友，他們就把我們的探子點天燈。「點天燈」是山民們懲罰土匪毛賊的傳統方式：把人剝光以後吊在樹梢上，下面堆放松油樹枝，點燃以後，將人活活燒死。人被燒烤時油脂滴下來，勾引松油樹枝的火焰上竄；遠遠望去，像是一盞特大的豆油燈。

一月十五日的中午，又倒下去幾個絕食者。到了下午五點鐘左右，天上忽飄下雪片，支撐不住、虛脫暈倒的已達三十多人。原本絕食戰士還間或吟唱「毛主席語錄歌」，到了這當兒，就哼不出聲來了。我們宣傳組的幾個人靠在卡車的輪胎上，坐守著文攻的器材紙張。放眼四周，縣委大院裏一片白茫茫；飛舞的雪花下，暗紅的篝火襯托出黑黝黝的團團人影，互相緊緊倚靠著，偶而會發出衰弱的咳嗽聲。

醫院和診所那邊非常擔憂，照這樣下去，虛脫的人數會急劇上升，又沒有必需的藥品，體質差的怕難保性命。那個年頭的中國人民少有營養健全的，一頓不吃，就頂不住；一天兩夜不進食，哪能抵擋得了冬季的寒冷，急性肺炎之類是難免的（幸虧那時還沒有「非典」／煞司／薩斯／沙士問世）。

絕食指揮大本營一面命令把被扣押的縣黨政領導們從生著碳火的裏屋拖出來，擱在露天的陽臺上晾著，讓他們親眼目睹絕食場面；一面加緊把青陽縣城裏的局勢向安慶、蕪湖、合肥、南京等大中城市告急。拍出去的電報一份比一份悲壯，一份比一份更撞擊人心：

「青陽城裏風雪交加，革命造反派戰士已絕食一晝夜！」
「露天雪地裏，數十名戰友絕食暈倒！」
「十萬火急，夜間氣溫零下五度，百多名絕食戰友奄奄一息！」
「青陽走資派的反革命陰謀即將實現，上千名紅衛兵造反派就要被饑寒奪去生命！」

這些駭人的電報從一個城市傳到另一個城市，在那些與我們同屬一大派的紅衛兵造反派組織中像雪球一樣滾動著，越滾越大，越滾越猛，最終向著同一個目的地——首都北京滾去。

與此同時，對青陽縣頭幾號走資派的再教育正紮紮實實地進行著。從溫暖的屋裏霎時被拖到露天陽臺上，縣委書記、副書記和縣長們即便是裹在厚重的棉軍大衣裏，也禁不住鼻涕直淌。不多時，掛在短須上的鼻涕就變成了小型冰淇淋一樣介乎於液體和固體之間的東西。在是不是應該給這幾個走資派飯吃的問題上，紅衛兵小將中間發生了尖銳的爭執。一些人認爲不給他們飯吃便違反了毛主席親手制訂的《三大紀律八項注意》中明確規定的「不虐待俘虜」一項。另一些人則認爲他們根本沒有向我們繳械投降，怎麼可以算作「俘虜」？這幾個傢伙是死不改悔的走資派，毛主席早就教導說「對敵人的仁慈就是對人民的犯罪」！

在一開始的時候，前一種主張占著上風，紅衛兵小將甚至給走資派的陽春麵裏放進青蔥和醬油，可是當越來越多的絕食戰友衰竭倒地之後，第二種主張便大得人心。幾個走資派被迫參加了我方的絕食，這些在一九五九至一九六一年史無前例的大饑荒期間也沒少吃一口的人民公僕，終於在史無前例的文革中，首次嘗到餓飯的滋味。斷了他們一頓晚飯，便涕淚橫流地哀號，說在陽臺上熬不住了，懇求小將們讓他們進裏屋去繼續陪著挨餓。押送他們的幾個小將——其中就有盧扁——惡狠狠地指著陽臺下面的青石板正告他們：「我們絕食餓死前的最後一口氣是專留給你們的——把你們頭朝下推下去」！

像雪片一般飛向北京的加急電報，經由安徽省革命造反派駐京聯絡站和首都紅衛兵的傳遞，終於呈報到文革期間的「戰時內閣」——中共中央文化革命小組（簡稱「中央文革」）那裏。組長陳伯達和第一副組長江青口述了〈四點處理意見〉：指示青陽縣委、縣政府、縣人武部立即調送食品和藥品給城裏的紅衛兵造反派，全力搶救生命垂危的絕食人員；指示它們立即解散圍城的民兵和農民；指示青陽紅衛兵造反派馬上釋放被扣押的縣黨政領導幹部；指示外地來聲援的紅衛兵造反派馬上返回原地鬧革命。

中央文革的〈四點處理意見〉堪稱老到，打了我們三十大板，卻打了青陽縣黨政頭頭們七十大板。可是這份及時雨般的急電卻欲送無門：縣郵電局的職工已不知去向，鐵將軍守大門；縣委和縣政府辦公樓裏的機要秘書室也沒有人在值班，門上貼著封條。我們隨車攜帶的收發報機是私自設置的，嚴格說起來屬於「非法電臺」，北京當然不會朝它發送電報。中央文革最後把電報發至臨近青陽的一座軍用戰備電臺，指令部隊向涉事的各方轉交。文革中有「傳達毛主席的最新指示不過夜」的雷厲風行規矩，就是說全國大地上任何區域的任何單位和任何個人在任何時候接到來自偉大領袖的隻言片語，都須想方設法——無論是驅車還是騎馬，步行還是蕩船——將其傳送到周邊的村村寨寨、家家戶戶。

青陽城附近的軍用電臺用吉普車在凌晨三、四點鐘的時候給我們送來中央文革的指示；當我方的男女廣播員用激動顫抖的語調念出來自首都「無產階級司令部的聲音」，全場絕食人員——包括那幾位被迫陪同絕食的走資派——都一遍又一遍地振臂高呼「毛主席和咱們心連心！中央文革和咱們親又親！」「抬頭望見北斗星，心中想念毛主席！」只不過被打了七十大板的他們，喊得不如我們激情充沛。

爲著讓城內城外各幫各派都能儘快落實中央文革的英明指示，所有的廣播車和喇叭站都開足馬力，不休止地宣讀〈四點處理意見〉；一切可以找到的油印器材，也都連夜運轉起來，印刷傳單，星夜散發。到了天明之際，擁護〈四點處理意見〉的大字報和大標語貼滿了小小縣城的大街小巷。時至上午十一點鐘左右，城外的民兵和農民大軍失去了蹤影，我們同時也領到了急救的食物。我從一處免費食品發放站——全城有十幾處——憑著自己的「八・一八暴動團」的紅衛兵袖章，領到一小口袋蘇打餅乾，那是我長到那麼大第一次吃到鹹味餅乾，南京製造的。

一月十六日下午，我們的車隊得勝歸朝，返回宣城。可憐的母親看到我滿臉青灰色，猜到我們這幾天吃了不少苦頭，泡了一碗珍貴的紅糖開水——那年頭城裏人每戶每月只配備四兩（二百克）紅糖——讓我喝下。吞下一海碗陽春麵，我心滿意足地便去城北門的澡堂子泡澡，清洗滿身的征塵。半小時以後，我暈倒在熱氣騰騰的浴室裏，被好心的同浴者架著出來；他們挺納悶，這麼小小的年紀，怎麼像老年人一樣「暈澡」？我像一隻斷了筋骨的大爬蟲，在躺椅上光著屁股蓋著毛巾養息了兩個時辰，才爬得起來顫巍巍地走了出去；再過一會兒，澡堂子就要關門了。

送槍・搶槍・耍槍

正像前面所講到的，文革中的武鬥初級階段，多半是以鄉下的農民為一方，以城裏的紅衛兵和造反派為另一方，呈農村包圍城市之勢。雖然一九六六年八月有《中共中央關於無產階級文化大革命的決議》下達，簡稱《十六條》，明文宣示「要搞文鬥，不搞武鬥」，農民們卻很少買帳。遇上圍城的農民，我們紅衛兵跟他們辯論，說「《十六條》規定如何如何……」，農民會把大嘴一撇：「你們有《十六條》，老子有扁擔一條！」

被扁擔一條多次教訓過的紅衛兵和造反派，自然不甘心於手無寸鐵鬧革命的雅緻方式；但是不論我們怎樣地想方設法，總是比對方差了一大截。

在武鬥的軍備競賽中相對保守的一方（俗稱「老保」即「保皇派」）比激進的一方享有

突出的優勢，此中原因不難解釋。比較保守的那方背地裏對走資派很溫和，走資派背地裏對他們就很照顧。走資派當權多年，手裏的有形無形的資源並沒有一夜間都給剝奪乾淨，關鍵時刻點撥一下，結果便大不一樣。

送槍

待到我們激進派緊隨老保們，也用木棒鐵棍大刀長矛之類自製的兵器武裝起來，武鬥的軍備競賽就不可避免地與時俱進，跨上一個嶄新的臺階——眞槍實彈。在我們那裏，這個新臺階大約是一九六七年的秋季攀登上的。老保那一派得了人武部系統的內部指點，把民兵的軍械庫給搶了，這當然是明搶暗送。民兵的軍械庫原本是分散到人民公社和鎮一級保管的，武鬥一開打，就集中保管了，保管的地點和軍械的品種都是極機密的，非人武部的領導幹部無緣知曉。可我們那兒的老保們一搶就搶了個准，短槍、長槍、機關槍、子彈、刺刀、手榴彈都成龍配套地放在一處，搶來就能分發下去用於實戰。而我們一派的人到人武部去搶槍，搶到的都是些沒有槍栓的三八大蓋或者鐵銹豐富的裂牙刺刀，連只完整的手榴彈都沒搶著。

你想想看，當敵對一方已經用眞槍實彈全副武裝起來，而自己一方卻還是手持粗木棍和尖鐵矛，心裏哪能不打鼓？我們那時候又沒有得高人指點，沒琢磨出來「非對稱戰略戰術」，因此成天急得團團轉。

這期間我們一派的指揮部爲著保存實力，也曾連夜把少數骨幹人員秘密運送到南京去暫時避難。那是我第一次有幸在狹窄的卡車車廂裏，與頗爲傾慕的一位同姓不同性的紅衛兵領袖相對而坐，總希望這逃難之旅越長越好。江蘇那時全省分成兩大派，一派稱「好派」，一派稱「屁派」，源於對一次全省範圍內向原江蘇省委及省政府奪權的大舉動，是持「好得狠！」還是「好個屁！」的正反態度。奇怪的是，這兩大派在本省內打得不可開交，卻對安徽省的局勢持完全一致的態度，統統站在我們激進造反派的一邊。

搶槍

在南京短暫避難返皖以後，我們就琢磨從哪裡弄到大批軍械自我武裝。「大批」的意思是成千上萬，因爲這時候的本派骨幹份子已經配備了眞槍實彈。我本人作爲「文攻隊」的主將，即便沒有上陣殺敵的光榮任務，也領有一枝第二次世界大戰時期德國造的駁殼槍，俗稱「盒子炮」。年紀雖然大了一點，卻威力十足，扳機一扣，轟隆如雷，憑我的手勁，根本穩不住它；你明明瞄準著正前方，槍口會震偏到三十度開外，把左右並肩的戰友嚇得鼠竄。好在我分得的子彈少少，不足二十發，難以每日開火威脅到戰友們的安全。至於這批槍支從何處弄來，卻是本派的最高機密，好像是一位很同情我方的民兵幹部，怕我們全都亡命於對方絕對優勢的武力之下，暗暗通氣，半偷半送地讓我們得了幾十枝老爺槍械護身。

解決槍荒的目標很快落實到南京軍區駐宣城南門制高點的通訊站大院裏，這通訊站就在我們宣城中學的緊隔壁，它的後部又與一間軍用被服廠大院相連接，範圍極廣大。通訊站大院裏有幾排大平房蓋成的軍用物資倉庫，神秘兮兮的軍事單位，與學校的男女廁所只有一牆之隔，雖然我們每天上學放學都要路過它的大門口，它卻從不露內裏眞相。本派「革命造反聯合指揮部」——簡稱「聯指」，對方一派稱其爲「臉紫」，意思是我們都快要死了——準確得悉那幾排平房倉庫裏藏有大批軍火，不可能沒有內線的通報。那間被服廠裏有數百名軍人家屬作職工，不算是正式的士兵，居住在縣城的平民社區，十有八九是她們中間某幾個人給「聯指」的頭頭們通風報了信。不過「聯指」的核心領導層沒敢大意，安排了至少一起秘密核實的操作，聽說是先把通訊站的廁所下水道堵住，接著派人扮作掏大糞的農民，混進通訊站大院裏，把那幾排軍用倉庫察看得仔仔細細。所以當我們接到搶槍的行動命令的同時，也都接到詳細的地形方位介紹，告訴每一個人衝進通訊站大院後，應該朝什麼方向怎麼跑、跑多遠、怎麼入室、怎麼撤離。

衝擊軍事禁地——通訊站乃屬軍隊的神經系統，其重要性不言自明——是要冒極大風險的。時至一九六七年的年底，雖然已經有江青一幫喊出口號「揪軍內一小撮走資派！」「打倒帶槍的劉鄧路線！」「文攻武衛！」等等，紅衛兵和造反派們心裏還是沒有底。那個年頭是章法全亂的時代，也沒有任何文件正式宣佈「嚴禁衝擊軍事要地，違者鎮壓！」的法令不再有效。我們在南京避難的時候，就親眼目睹包圍著南京軍區大院的紅衛兵和造反派不敢朝裏衝，因為軍區司令許世友發了狠話：南京軍區擔負對臺灣和美國第七艦隊作戰的重任，誰敢衝擊他的指揮部禁地，格殺勿論！我們宣城的軍事通訊站，是南京軍區管轄，萬一這位少林和尚出身的許司令發了毛下令開火怎麼辦？

這許和尚在我們那一帶是極有威懾力的，傳說他禁止任何人不經報告跨進他的辦公室，違者丟下小命。他的妻子有天忘了這條禁令，被他手起一槍擊斃；他當時坐在辦公桌前，背都沒有轉過來，手槍是由腋下反腕射擊的，可見槍法之准。又傳說某次毛澤東也沒經報告走進他的辦公室，被他打了一個耳光：「你要不是我的主席，今天也沒命了。不過軍令不能當兒戲，權且以一巴掌充罰。」可見他治軍之嚴。這類傳說的準確性，老百姓無緣求證，但它們的心理效力，卻十足實在，因此「聯指」頭頭們要把高風險因素，納入行動計劃之中。當時最能爲我們壯膽的，是林彪和江青的有關講話，規勸紅衛兵小將不要隨便衝擊部隊駐地，同時規勸戰士們萬一被小將們衝擊，要持克制態度，多做說服教育工作。「聯指」領導層的部署由此而定爲：讓紅衛兵作搶槍的先鋒，如果部隊不開槍，其他的造反派（他們都是成年人）就跟上去。事實上被當作炮灰使的我們，卻覺得受到極高的重視而洋洋得意；我本來不在搶槍先鋒隊之列，哇哇叫抗議了一通，才被接納參與。

那個星期日早晨八點半鐘左右——選取這個時刻是要趁部隊戰士休息日吃過早飯正忙於洗衣服之機——我們從軍事通訊站的側面發起突然襲擊。五、六百名中學生紅衛兵的一小部分從側大門往裏強行進入，引得所有值班的士兵全都集中到大門口排成隊伍阻擋，大部分紅衛兵卻埋伏在宣城中學圍牆的內側，見勢便一擁而上，一人肩頭托一人從圍牆上翻身而入軍營。惶亂之中士兵們跑過來攔截，正中了我方的計謀，勢單力弱的大門立時被撞開，緊隨著紅衛兵的造反派大隊伍蜂擁而來，軍營裏馬上亂了套。面對著數千名有備而來的搶槍人員，百把名士兵只能高呼毛主席語錄，秀才遇到兵地作無爲的宣導。不過這裏的「秀才」其實是兵，這裏的「兵」反倒成了秀才。

我置身於紅衛兵隊伍裏，被動地捲入搶槍的第一波洪流，直撲大平房軍械倉庫。幾百人的衝刺下，倉庫門窗頓時灰飛煙滅，我還沒有醒悟過來，就已經滾到了放滿手槍的櫃子口頭。我本能地伸手、本能地縮手，把閃著藍光的嶄新的「五四式」手槍一隻又一隻地塞進外衣的口袋、內衣的口袋、和所有能插進手槍的褲腰帶空隙處。直到我壓得再也透不過氣的當口——周圍全是人擠人、人壓人、人疊著人，一片掙扎聲、嚎叫聲、和汗臭味——才從人堆縫隙裏爬出來，朝事先「聯指」頭頭們部署的方向撤離。

這時候軍營裏已經是埃落塵定，局勢分明。大兵們從最初的惶亂中清醒過來，判定他們人單勢薄，無法層層設防、步步為營，於是採用林彪在東北戰場上實踐的「三三制」，也就是三個士兵結成一組，圍殲一名敵人。他們集中守在側門口和圍牆的低矮處，見到有不穿軍裝的人往外跑，就三對一地圍攻上來，先繳械後放人。紅衛兵小孩們搶到槍後，多半是誰得手誰先跑，已成散兵游勇。收穫豐盛的我，氣喘噓噓地直奔圍牆，一看那高度，再看無人肩托，就傻了眼：那牆壁萬萬不是我輩可以縱身而過的；沒辦法，只好硬著頭皮闖側大門。守在那兒的幾組士兵們一看我，三面合圍，把我從地面直提起來，雙腳落空，褲腰帶周邊的手槍紛紛掉下；然後他們伸手入我的口袋，又有一番收穫——總共繳到七枝手槍。

我大聲抗議，大聲號叫，大聲罵街，大聲威脅，一點用也沒有。幾個身強力壯的大兵看著我這個不到他們肩頭高的男孩在那裏口出狂言，反倒覺得是一種消遣；無奈的我只好滿口吐沫星子地被扔出了軍營側門。

我的憤怒其實主要不在那七枝手槍中的六枝，而在其中的一枝。我去搶槍的時候，隨身帶去了那枝德國造的「盒子炮」；大兵們不問三七二十一，把它也給收繳了。我回去怎麼向組織上交代呢？我們一派那麼缺槍，組織上那麼看重我，分給我一把手槍自衛，我卻把它給丟了！恥辱啊恥辱！別人去搶槍，要麼是搶到的多多，要麼是搶到的少少，最差的也就是空手而歸罷了，而我搶到的卻是負數。「你是唯一的一個去搶解放軍的槍、反被解放軍搶了槍的小將。」我們那派紅衛兵的武衛頭頭「大肚子」跟我說。「你哪算是革命小將，頂多算是芝蔴醬，蠶豆醬，酸辣醬。」

「大肚子」的話不純粹是挖苦，他對我如兄長一般地愛護。他的肚子從外表看一點都不大，又高又瘦，主要是他嘴饞，每時每刻都在想象著吃和談論著吃，並宣稱能一頓吃下四鍋鍋貼餃也就是四十八隻，或者十六隻五香雞蛋，飽嗝都不會打一個。他對任何物品貴賤的衡量，也都是以鍋貼餃爲單位：「這雙膠鞋值三鍋鍋貼餃，還可以。」看見一個走資派腕上的國產手錶，問到是一百二十塊錢，他驚呼：「你這個資產階級，手上戴了一年吃的鍋貼餃！」在整個武鬥期間，危險時刻大肚子都用他的身體護著我。

本派紅衛兵組織出面，與軍事通訊站交涉，要求歸還我的那只被他們收繳去的駁殼槍。當兵的一肚子氣，原不想還，後來發現這只德國造的手槍在他們那兒不好登記入冊，就還給了我們。組織上照顧我年小體弱，換配給我一隻「五四」手槍，小得多，輕得多，好使得多。

耍槍

那一次搶槍，令我方增添了數百枝輕重槍械，不過所獲彈藥並不多。在小將們搶到的軍火中，最壯觀的是一門雙管高射機關槍，單單槍管本身就有三公尺多長，加上底座，足足五公尺長。可惜沒有槍栓，也沒有子彈，開不起火來——這顯然是部隊作了防範措施，把一門高射槍分作兩處儲藏，「一槍兩地」，搶來無用。不過我們還是充分發揮了它的威懾力，將它置放在宣城中學第一教學大樓的樓上正中央，槍管從堆著沙包的門洞平伸出去，氣勢洶洶，弄得外界望而生畏，不敢輕易接近宣城中學的地界。

我們手持形形色色武器的紅衛兵小將，一開始給對立派別「紅色造反總部」——簡稱「紅總」，我們稱其爲「紅腫」，意思是他們的小命都長不了——造成的威脅，還不如給我們自己造成的威脅大。在搶槍後的幾個星期裏，失手走火事件不斷。十四歲的侯黑子，搶到一枝仿蘇制ＡＫ47全自動衝鋒槍，又搶到子彈，在軍事通訊站門口不遠處就耍弄起來，招來一群小孩圍觀。侯黑子吃力地端起有他身體一大半長的衝鋒槍，瞄準著一個孩子，嘴裏「碰碰」兩聲——他把它當成了玩具槍，旁邊的孩子們也把它當成了玩具槍，可是槍口眞地蹦出兩發子彈，一個小孩當場斃命。還不夠成年的侯黑子後來被判了三年勞教，放出來的時候看起來猛然增了二十歲，眞是「洞中才一歲，世上已千年」！愛因斯坦的相對論在中華人民共和國的勞改系統裏得到最充分的驗證。

有兩起走火，就發生在我的近旁。一日我們聚集在宣城中學第二教學樓的教室裏，那兒已經被我們用作睡覺兼值班的場所，幾張雙人床的上下鋪都坐著人，多數人手裏拿著槍。坐在下鋪的白大舌頭——他姓白，長得倒像黑包公——說到激動處，把一桿一九五〇年制的美國半自動卡賓槍往地板上用力一跺，槍托落地之時，一串子彈連發，從坐在上鋪的長得像石頭一樣結實的張墩的兩條大腿跟之間直射上天花板。令人不可置信的是，沒傷著獨生子張墩的命根子，卻把他震得幾分鐘站不起來，木在那兒。那種型號的美制卡賓槍最易滑膛，從那天以後沒人敢用它來站崗値勤，半夜三更走火，自己人會跟自己人誤打誤殺起來的。

另一起走火的主兒，便是大肚子。那次搶槍之後，他換了一隻嶄新帶皮套的「五四」手槍，又多得了幾十發子彈，神氣活現，逢人就炫耀他的槍和他對槍的無與倫比的知識。他的口才極佳，槍法也挺好，說著說著，以動作佐言論，舉槍朝一位聽的入迷的胖女同學腿部隔空輕輕一點。誰也沒有料到這只手槍是子彈上了膛的——事後大肚子埋怨別人玩弄他的槍把子彈頂上去沒告訴他，其他的人卻推測多半是他自己吹牛吹混了頭忘記槍膛裏有子彈——，那輕輕一點，就在該位胖女同學的腿上部擊穿了一個眼，鮮血湧出，滿屋子人的臉刷白。

手忙腳亂的我們把受傷者抬上擔架，運往蕪湖的大醫院做手術。胖女同學的家是農村的，父母親驚嚇之餘，最擔心的就是女兒會不會落成殘廢，下不了田，做不了重活，也嫁不了好人家。有一年之久，大肚子都生活在恐懼之中，生怕他必須娶回傷在他槍口之下的胖女同學，養她一輩子。我們旁邊的人倒沒那麼擔憂，因爲都看出來那女同學根本看不上大肚子，即使腿治理不痊愈，也未必願意下嫁於他。

造槍

對於我們「臉紫」一派在軍事裝備上大大落後於「紅腫」一派的狀況，絕大部分人的主張是通過搶槍來改變，極少數人的主意是土法上馬、自造槍炮。持後一種想法的小將裏有一位人稱「工程師」，是宣城中學高二的學生。他發起的最重要的軍備工程是三項，我親身參與了一項，親眼目睹了兩項，全都稱得上轟轟烈烈。

我親身參與的那一項是製造硝化甘油，一種比梯恩梯（TNT）猛烈得多的液體炸藥。工程師從一本蘇聯的化學教科書上讀到製造的方法，但他性急，唯讀完前一半，後一半沒讀就拉著我去動手，而後一半是關於安全措施的。我倆在一間單人教師宿舍裏操作，那是一九六八年的初夏的夜晚，小方桌上放了一口直徑約五十釐米的深玻璃缸，是從學校實驗室拿來的。他朝玻璃缸裏緩緩地倒濃硫酸，再倒濃硝酸，讓我拿著玻璃棒攪拌均勻。那本教科書的安全措施一章用粗黑體字告誡——這是我們事後才讀到的——濃硫酸混合濃硝酸的時候，嚴格禁止碰撞。玻璃棒攪拌過程中，不時碰撞到玻璃缸，十幾秒鐘後，玻璃缸裏驟然騰起一柱蘑菇雲狀的液體夾氣體，直沖而上，碰到天花板後，散落下來，我們的身上火燎燎地灼痛。工程師大叫，「趕快跑！跑，快跑出去！」他一馬當先，我尾隨其後，跑到自來水龍頭下全身沖洗。我離那口玻璃缸近，濺上的化學試劑比他多，圓領衫已經成了一片漁網，右手的食指中指上幾小塊皮肉已經爛掉，能見著裏面白森森的筋骨。醫生告訴我們，濃硫酸混合濃硝酸，叫「鏹水」，俗稱「王水」，連鋼鐵都能腐蝕掉，何況皮肉！抗日戰爭前的中國著名影片《夜半歌聲》，趙丹扮演的男主角的那張嚇壞了衆多小孩的臉，就是傷在仇人的一潑「王水」之下。

從此以後，我就謝絕作工程師的助手。

工程師卻沒有打退堂鼓，他琢磨著怎樣把生鐵鑄造的七、八寸直徑的自來水輸送管改製成土炮，因爲我們那座高射機關槍只能嚇人，不能轟人，他擔心我方的革命事業會因此而夭折。試炮那天，正值我們紅衛兵組織開大會；工程師把土炮裏塞進黑色火藥，再塡充一些碎鐵鍋片，將一條長板凳翻轉過來權作炮架。爲了測出土炮的最遠射程，工程師決定土炮安放在第二教學大樓的二層正中後方，炮口朝向學校南面的空曠蔬菜地。在點燃土炮引信之前，工程師忽然覺得板凳炮架不夠穩，他讓同班好友小何用腳頂住板凳的一頭，再喊幾個小將扶著小何。小何的腳已經頂在那兒了，工程師手上的香煙火已經快碰上引信了，小何腦子裏忽然閃過物理課上老師講的作用力和反作用力原理，把腳抽了回去。

數秒鐘之後，一聲悶雷般的巨響，一團火球從半空飛越校園，緊接著，二層樓上幾聲驚叫。紅衛兵們從開會處跑出來，只見土炮的炮身把板凳炮架撞碎，在地板上捅了一個窟窿，炮身滾到牆邊，牆壁被砸下一塊。那幾聲驚叫發自小何及身邊的人：他們的腿腳幸虧沒有作炮架的延伸。

工程師的第三個軍備工程屬於高科技，他設計出遙控飛機模型，力圖使模型懸掛炸彈飛行一千至二千公尺，對準敵方的武鬥據點大樓，撞上去引爆。飛機模型遙控飛行已經試驗成功，可惜載重量太小，不足二公斤。這般細小的黑色火藥炸彈，很難對結構堅實的大樓造成有效的破壞；於是工程師就把全部精力用於研製高效固體炸藥，也招到了兩、三名不怕死的助手。大概是在一九六八年的夏秋之交，晚間九、十點鐘的光景，從工程師的實驗室裏，發出沈悶的連環爆炸聲：他們在朝炸彈殼裏裝塡火藥的時候，擠壓過緊，一枚炸彈首先從工程師的手掌中開花，引發旁邊的火藥爆炸。萬幸的是實驗室裏的幾枚炸彈都沒有封口，不然他們全都沒命了。工程師本人被炸成一級傷殘（僅次於喪失生活自理能力的特級傷殘），助手們三級傷殘。直到今天，我還記得咱們衝進實驗室裏的情景：滿屋濃煙，昏黃的燈光下，三個人在地上打滾；皮肉燒焦的臭味嗆得人難以透氣，我們手臂中的傷員痛苦地嚎叫，他們的頭和手覆蓋著暗紅的血漿和灰燼。

使槍

延續一年的眞槍實彈混戰期間，對方「紅腫」控制著宣城的城北邊和西邊，武鬥大本營設在北門底的發電廠，因爲那兒有全城最高的廠房大樓。我方「臉紫」控制著城東邊和南邊，武鬥大本營設在東門的麵粉廠，因爲那兒有全城次高的廠房大樓。城中部的十字路口和城周邊的公路線，是雙方拉鋸戰的爭奪之地。居民們夾在兩派之間，提心吊膽，時不時地有無辜民衆傷亡於流彈之下。

我們多了一些武器裝備後，就試著稍稍擴張地盤。宣城俗稱烏龜地，十字路口是烏龜背，又有一棟帶頂四層樓的百貨公司（全城最高的商業建築），和一棟帶頂三層樓的食品商店，戰略地位不言自明。某一日我方得到情報，敵人剛偷偷佔據了那棟百貨公司大樓。此事若是眞的，後果會很嚴重：他們的火力能居高臨下直接威脅到東門大街的一小半，我方的勢力範圍要向後縮減五、六百公尺。「聯指」的頭頭們急得火燒火燎，大肚子當即請戰，帶領一個小組前去探個眞僞。爲了表示能獨當一面，他堅決要求此一重任全由小將們完成。

領到軍令後，大肚子親手點了五個高中生紅衛兵再加上我；我本不在他的考慮之內，但他沒辦法拒絕我，因爲我是他的最親密的戰友（他日後所有的戀愛信都出自我手，雖然沒有一例成了功）。我們六個人都把平日佩帶的手槍留下，換上長槍，只有大肚子例外，長短槍各帶一隻。我的是仿蘇制「五六式」半自動步槍，帶刺刀，槍不重，很易瞄準，可惜子彈太少，才二十來發。早年國民黨正規軍譏笑共產黨遊擊隊是「官比兵多，兵比槍多，槍比子彈多。」我們紅衛兵造反派的境況，也相差不遠。

趁著夜深無人，我們蛇行貓爬，沿著破爛的老民居之間的狹窄巷道和濃臭的污水溝，慢慢地接近了十字街。一貫咋咋呼呼的大肚子，到了關鍵時刻，機警過人。他說咱們不能冒冒失失地去偵探那棟目標百貨公司，如果「紅腫」的人已經占了它，守備部隊一定比咱們這支偵察小組強得多；我們不如先探一探它對面的那棟食品商店。

朝食品商店的後院扔了兩塊小石頭，沒有反應，我們在外面又等了好一會，還是沒動靜，就撬開商店後面的防火門，爬上二樓。那個冬夜的月光很好，照著厚厚的積雪，反射出淡雅的光，我們即使不敢開電燈，也能模糊看到靠近窗口的室內佈局和室外的大物件。隔著寬寬的十字街，那棟百貨公司大樓裏卻是黑洞洞的一片。我近視，當然看不出什麼異樣，兩位眼睛敏銳的戰友——其中一位是差點當了土炮炮架延伸物的小何，以後他成爲空軍飛行教官，眼力端地是好——隱約瞧見百貨大樓裏有煙頭的火星閃爍。大肚子腦筋一轉，從窗戶上卸下一塊玻璃，自己貓縮在窗沿底下，背靠牆壁，舉起玻璃的一半，朝百貨大樓那面晃動。玻璃把月光反射到對面，微弱的一團銀白色，那裏面立刻就有了動靜：一管機關槍從百貨大樓窗口伸出來。好了，證實了！大肚子派一個自稱「齊天大聖」、長跑特棒的紅衛兵馬上趕回「聯指」大本營去報告，並說這棟食品商店樓不能再給敵人佔領了，我們紅衛兵偵察小組一定在這兒堅持到援兵上來，人在樓在。

這食品商店樓的二層有兩個樓梯口，一個被辦公桌椅堵死。「齊天大聖」一走，我們剩下的六個人就各守一個方向，大肚子中央調度，兼顧四面。我們主要防守在幾個大窗戶旁，從那裏可以眼觀各處。等了兩個鐘頭，大本營還沒有派增援隊伍上來，我們又饑又乏又提心吊膽。大肚子自己的煙癮也上來了，不敢抽，怕給對方發現。我們也都勸他忍忍，天亮後再抽就不怕火光被敵人看見了。

可是肚子餓的問題卻不能再等待！食品商店樓的二層是辦公室，地面一層才是零售櫃檯。要弄到吃的，必須到下面去找。我和一個姓程的中學前平衡木冠軍餓得最熬不住，就從樓梯摸下去。下面的幾扇厚重大門都封得嚴嚴實實，並沒有透光的窗口，我倆又不敢開燈，像作賊一樣順著玻璃櫃檯東摸摸，西捏捏。絕大多數的櫃檯裏都是空空蕩蕩，摸了好一陣，手才觸到一格櫃檯裏剩有的一袋物品，我倆喜出望外，抓過來，再摸索。黑暗之中，「匡朗朗……」一串響，櫃檯裏一隻空搪瓷盤子被我們弄翻，滾動下地來。

這一串響，在那戰時狀態的萬籟俱寂的冬日的凌晨，眞是空穀長嘯，餘音不絕。突然間，對面百貨大樓厲聲喝問：「食品店裏有人，幹什麼的？快出來！」我們哪敢吱聲，縮手縮腳往樓上退。對方連喝問幾聲，都不得回音，「啪啪」朝我們樓下打了兩槍，子彈射穿厚木門，悶聲悶響。大肚子憋到現在，一肚子火，倚著窗口斜角，回了一槍。這下子等於互報名號了，對面的機槍毫不遲疑地掃過來一個連發，把一扇窗戶的兩頁玻璃給掀了。

我們可憐，既無機槍，又少子彈，跟對方較不起量來。但年少好勝且好奇，給人白白打槍，不甘心；分吃著我和程前冠軍從樓底下搜索到的那袋子東西——提到樓上才看清是冰糖冬瓜條，大家尋思該怎麼辦。大肚子說天已經濛濛亮了，玻璃能發揮點新作用了。我們分了工，槍法次的兩個人（當然包括唯一戴著眼鏡的我）學大肚子那樣，輪番舉玻璃；槍法好的人伏在窗口角落，瞄準對面百貨大樓的窗戶。玻璃一舉，一片白光閃出，對方就掃過來幾槍，咱們的槍手便趁機回擊一槍。我們覺得這是好戰術：誘敵人伸出頭，好打；引敵人多開槍，耗他們的彈藥；與對方磨時間，等我們的增援部隊上來。

後兩個目的多少達到了，特別是最後一個，要是我們老不開槍，「紅腫」的人一定會大搖大擺地過來搜索。第一個目標卻沒有什麼進展，咱們的那幾個槍手，武藝實屬平平，還擊的槍彈，最佳的也就是擊中對面大樓的玻璃窗上，玻璃打碎咱好歹能聽得見，就是沒聽見人中槍的號叫聲。

我們六條好漢就這麼守著，直到第二天中午，都不敢下樓去，因爲食品商店一層臨街的那面只有幾根水泥柱，大部分是厚木板的門面，擋不了機槍掃射的。咱們六個小將的子彈加起來也不足三百發，吝嗇地零零零星星地向對方射擊著，只求唬住他們不要穿過十字街衝到我們樓下。這期間把我嚇得不輕巧的，是大肚子要替換我，舉一舉玻璃挑逗敵人；他一米八十的個子，稍不留心，玻璃舉得太高，給對方一梭子機槍掃過來，正中他手裏的玻璃，擊得粉碎，碎片彈到我倆的臉上，細小的血珠絲絲的滾下來，我們爬在樓板上，老實了很多。直到第二天午飯時刻，「聯指」大本營派遣的增援隊才攜帶兩挺輕機槍到來，把我們給換了回去。他們好幾個是退伍軍人，一副對槍林彈雨滿不在乎的神情；他們最受不了的，倒是我們在樓板上留下的濃烈尿味：我們怕下樓挨上槍子兒，將小便全放射在樓板上了。

在我們那兒的武鬥歲月裏，血淋淋的豪言多半是紅衛兵小將說出來的，血淋淋的壯舉卻多半不是他們做出來的。在武鬥全過程中，工人叔叔們都護著小將，廝殺的時候衝在前頭，撤退的時候殿在後頭。

宣城的幾場惡戰，我們一派的生力軍是碼頭工人。數百年來，碼頭工人掙一口飯吃，靠的就是力氣、勇氣和義氣。他們的基本工具，是一輛雙輪人力板車，裝滿了貨物，足有千把公斤。上貨卸貨，憑的是一副肩膀；拉車推車，憑的是一雙手臂。你要想像他們的體魄，看看長江三峽背縴船伕的老照片，就差不離了。

碼頭上的活，太弱了，是搶不到手的，爲了護地盤，打架是常有的事。一人對一人的架要打，一人對一群的架也得打。打得吐血，從板車扶把上解下酒壺，仰首喝幾大口，再打。對手喝這護氣止血酒的時候，任你是生死仇敵，也不能出手相擊，一直要等到他把酒壺掛回車把，抹抹嘴，才能再接著打。打傷打死，雙方都不報案，認了。自幼在江邊長大的我，路上遇到肩頭搭著腰帶、手裏提著酒壺的碼頭工人，會閃過一旁，心存敬意，爲他讓道。

武鬥一啓，碼頭工人的「鋼筋鐵骨戰鬥隊」全都加入了我們一派，建築工人的「銅牆鐵壁戰鬥隊」則加入了對方派；生死相搏，乃由他們承擔。兩派的戰鬥，均有實戰經驗豐富的退伍軍官幕後策劃指揮；我們這方的軍師是在朝鮮戰場上跟美國兵打過死戰的一名黃團長，對方的軍師是抗日戰爭中的一位戰鬥英雄營長，旗鼓相當。

那年（一九六九）開初，我方的突擊隊趁對方元宵節過小年的時候，半夜裏摸到他們的大本營附近，橫掃了一通機關槍，轟了幾發迫擊炮，把他們打了個措手不及，還綁架回來兩個俘虜，得到對方的一些軍事機密。「紅腫」頭頭爲此大爲光火，精心設計了一套謀略。他們先是發送一支車隊，帆布車蓬包裝嚴密，接著派一個兩面奸細暗中透風，說那支車隊運送的是一批軍火。我方最缺武器彈藥，得此情報，頗爲心動，派出兩個排的兵力七十多人，攜帶兩挺輕機槍，每人配備全自動和半自動衝鋒槍，從東門穿過幾條曲折小道，直插城西邊的公路口。

對方的生力軍早已沿途埋伏，兵員、武器、彈藥都多過我方幾倍。一場惡戰，他們傷了三、四個；我方拖回來八具屍體，輕重傷員十多名，死傷的都是「鋼筋鐵骨戰鬥隊」的碼頭工人。一輛輛半新不舊的板車上——那是他們生前賴以養家糊口的夥伴——躺著滿身彈孔的工人叔叔，他們就是不再呼吸了，也像水泥雕塑那樣威風不減。失去丈夫的嬸嬸們攜著半大不大的一群孩子，在寒風中吼叫；這些婦女多年相伴丈夫勞作於強者才能生存的碼頭，在刀口上添飯吃，養就一副粗放剛烈不認命的豪氣，哀哭不出幾聲，落不下幾滴淚，只嚷著要親手復仇。在空曠的庫房裏，遺體供戰友們憑吊了三日，那幾天我用毛筆寫輓聯寫到手腕紅腫。出殯那天，領頭的是十六人持執的「聯指」巨幅戰旗；接著是八部卡車，每部載一架三公尺高的花圈（皆是鋼筋焊接而成，花也是鐵的）和一具棺材。接著是三百名「鋼筋鐵骨戰鬥隊」的碼頭工人，每人右手執一柄粗木棍——那是他們日常勞作搬運重物時支撐板車的杠桿，左手挽白色粗布腰帶。他們以數百年不變的行頭，護送著亡友。冽冽寒風中，眾人均是粗布襤褸單衣，隱約露出古銅色的肌體；那場景，令我宛然重見秦末田橫五百壯士。

文盲和半文盲的「持不同政見者」

一提起「持不同政見者」，人們——尤其是在中華人民共和國黨政部門當領導的人們——立刻想到的會是讀書人，特別是讀過西方書籍報刊的知識分子。因爲按照常理推論，書讀得愈多，人的腦筋愈自由開放，思想就愈會滋長出批判的能力。經常閱讀西方書籍報刊的知識份子，更容易受到異端邪說的影響，不信任中共官方的宣傳，乃至抨擊黨和政府及其領導人。我的切身經驗，卻大大不符合上述似乎已經成爲普遍定見的觀念。我最早遇到的兩位持不同政見者，都不是知識份子。

農家姐姐和江大哥

一九六三年仲夏，我從安徽省宣城一個鎭上的初級小學，到百多里以外的金寶圩水鄉去度暑假。我住在一位親戚家（成份下中農，屬紅五類），大部分時間做假期功課，偶爾也幫忙做一點小孩子力所能及的農事。一天晚間，我念完功課，上床入睡前去茅房大解。江南水鄉農家的茅房，通常與主屋之間隔開一段路，以免臭氣相襲。我害怕黑夜裏一人單行，就央求親戚家的姐姐提著馬燈送我去茅房。

這位農姐約莫十八九歲，從未上過學校，好奇地問我成天念的是些什麼書？我說很多課本和課外閱讀書籍都是歌頌毛主席的，有關於毛主席青少年時代的故事，有毛主席帶領工農鬧革命的故事，有毛主席的親切教導，等等。我愈說，這位農家姐姐的臉色就愈是陰沈。待到我第四次提及「毛主席」三字時，她竟勃然大怒，脫口而出：「什麼毛主席，比茅缸板還臭！害得我們飯都沒得吃！」於是她就列數毛老頭子的政策怎麼壞，毛老頭子手下的農村幹部怎麼凶，鄉下前幾年餓死了多少人，等等。她直呼偉大領袖爲「毛老頭子」，最後警告我說：「你以後要是再當著我的面喊「毛主席」，晚上我就再也不送你去茅房，讓路上的野狗野貓把你拖走！」她手提著馬燈，照著我的臉，站在那裏，滿面凝結著憎恨。直到今天我都能回憶起當時我所站立的那個位置：右邊遠處是農田和稀疏的小樹林，近處是一尊半截埋在地下的土地神小石像，左邊幾尺開外就是深幽幽的河溝。這裏的河溝又深又寬，兩岸罕見農舍，陰森森的。老人們說，不遠的河溝拐彎的地方，便是數百年來「沈豬籠」①的所在。

那一夜，我躺在竹編的涼席上，翻來覆去久久難以闔眼。自幼年起從課本上讀到的、課堂上老師所教誨的、從廣播裏聽到的、少年兒童報刊上所灌輸的，一時都在我的腦海裏搖晃起來。從來被我當作天經地義而接受的官方教育，這時開始拖上了長長的問號。雖然在很多年裏，我都不敢把那位農家姐姐的話說給別人聽，然而自從那以後，每當讀到或聽到「毛主席是勞動人民的大救星」之類的話，我心裏立刻就會有條件式的反射：「是眞的嗎？」

早年我遇見的另一位持不同政見者，是當知識青年的時候結識的一位同村農民朋友江大哥。一九七〇年春節期間我倆去鄰近的江蘇省高淳縣的縣城趕集買煙酒，沿途三十多里，到

---

① 此地的民風：假若已婚的女子與他人通姦，被村民現場捉到雙方，就扒光他和她的衣服，赤條條地捆綁起來，放進兩隻竹編的豬籠，由男女雙方直系親屬各出一人，親手執行將豬籠同時沈入水底的刑罰。這種私刑在當地由明朝至少延續到一九五〇年代後期。我們幼小時，模模糊糊地知道誰家的媳婦或誰家的兒子曾經被「沈豬籠」了。

處見到河堤上紅旗招展，標語林立，農民結隊挑圩（即擔土修河堤）。這位三十多歲識得一些字的農民感慨地對我說：「有些話說出來，要倒楣的。解放後我們貧下中農過的日子，眞不如解放前。在舊社會，我們家的長輩給地主打長工短工，平時很累，不過從臘月中到正月底，東家是不會要他們幹活的，讓他們自由自在過一個年。現在共產黨領導，一直要我們幹到臘月二十九。大年初二剛一過，正月初三就要出來挑圩翻地。一年忙到頭，不給我們一點自由，連大年春節也不讓好好過，眞作孽！」已經在農村幹了將近兩年活的我，知道他說的全是實話，一點兒沒誇張。

我插隊下放的那個村子，沒有一個地主，階級成份最高的是「上中農」②，所以平時階級鬥爭氣氛不濃，村民們與我們下放知識青年的關係比較和睦，私下裏敢講一些實情眞話。這個村子在一九五九年初大饑荒之前，人口是一百二十多人。三年饑荒下來，少了將近一半。你和村民們在一起聊天，海闊天空，胡說八道，葷素皆可，就是不能提及那三年饑荒的日子——當地人稱作「餓飯」或「過糧食關」；「關」者，生死之關、鬼門關也。村子裏幾

② 階級成分越高政治地位越低，因爲越屬於「剝削階級」，主要爲地主、富農。「上中農」屬於中間階層。

乎每家每戶都有餓死的，還有少數家庭有成員外出逃荒的，可是再也沒有回來過，多半是餓斃在路上了。我的大姨夫（母親的姐父）就是這麼失蹤的；有人說在百多里外的一個渡口邊的路上見到過他的屍體，但從來沒有人去找他，因爲走不動。

一九七〇年左右我們在那裏當「知青」，白天與村民們一起下田幹活，晚飯後與他們一起在生產隊公屋裏政治學習。我們圍坐在昏黃的馬燈旁邊，小和尚念經有口無心地重複著「毛主席的諄諄教導」（農民常把這念成「哼哼教導」）和「黨中央的英明指示」，期間一項重要的儀式就是逢年過節「憶苦思甜」的活動。爲著讓農民們身心一體地感受「舊社會的苦」，大隊和公社的幹部們會組織人製作豬狗食一般的「憶苦飯」，讓每個人吃一份。在我們那個地區，憶苦飯通常是用榆樹葉、稻糠皮和山芋（紅薯）粉下腳料製成的飯團。男女老少，每人一份，呑咽下去。

飯團又苦又澀又磨牙，咽到喉嚨半途，很多人呑不下去，又不敢吐出來——吐出來是「階級感情有問題」，說明你忘本了，背叛了勞動人民！每每有這種情況：你身邊年紀很大的農家伯伯和婆婆，會很順暢地呑咽下他們自己的那一份，然後主動地爲你代勞，把你咬了一口咽不下去的大半份吃掉。用他們的話來說，「這東西難吃，不過吃不死人。餓飯的那陣子，要是有這個吃，就算你有福氣了。」

過糧食關的那陣子，公家倉庫裏其實有糧，但上面不許開倉，一開倉就會影響本地黨政領導的政治表現。有的農民餓得實在受不了，半夜裏到田裏去偷割還沒有成熟的莊稼，偷到的東西必須在第二天天亮之前塞進肚子（這在當地叫「偷青」），不然就會給抓到。但這難不倒特別能幹的幹部。我們鄰村賈埠的生產隊長老賈，便是這類幹部的出色代表。一九六四年以後，他從來不敢路過他曾經當過大隊書記的那片地方。過糧食關的年代，賈書記要是發現了哪片田裏有「偷青」，會挨家挨戶查看人家的糞便。那個年頭農民的糞便都不怎麼臭，因爲吃進去的東西沒有營養。如果誰家的便坑比較臭，糞便顏色不一樣，他就成了嫌疑犯。把他捆到大隊部，吊在屋樑上，賈書記就會讓人用毛竹筒打，一直打到招供。賈書記自己很少親自動手，用他的話來說，就是「要充分發動群衆教育群衆」。他用口糧作刺激，打人有方、很快就把口供打出來的打手，能多分到一點糧食。爲著給自己家的人多掙一口吃的，本鄉本土的農民，有時能把同村的活活打死。那一帶的農民在「文革」初期幾次企圖把老賈綁架了去沈入大糞坑（這種巨型糞坑能淹得死一頭黃牛），都沒得逞。賈埠一村都是老賈的本家，護著他，他還做著生產隊長，「文革」中間也當上了「學大寨先進分子」，紅得很③。

---

③ 當地農民說，老賈一解放就開始當幹部，捆人打人上了癮。我們好歹見識到了一次。老賈那個村裏來了幾個蕪湖市下放女知青，她們的三個同班男同學也下放在不遠處的新村生產隊。偶爾，男同學會過去看看女同學。這就惹惱了老賈——他一廂情願地希望他弟弟和侄兒們能娶上這幾個城

我們那兒農村幹部極爲擔心的，就是貧下中農老大伯老大娘憶苦思甜的時候偶爾「走火」。有一次鄰邊大隊春節時召開憶苦大會，幾千農民坐在下面，請一位七十多歲的老婆婆「控訴萬惡的舊社會」。老婆婆一個大字不識，面對這麼多人，不知所措。大隊黨支部書記安慰她說：「你老人家就揀你一輩子受過的最大的苦說說，就像談家常一樣，有什麼說什麼。」老婆婆講了幾句開場白，講不下去了，因爲她能夠重複的政治套語，就只有那麼不甚完整的幾句。冷場了兩三分鐘後，老婆婆眼淚出來了，掏出黑舊的手帕，擦著涕淚：「我活了這麼一大把年紀，吃苦最多的，就是那幾年餓飯。」於是她家裏的幾口人是怎麼餓死的，村裏的人是怎麼餓死的，怎麼樣地吃光了樹皮草根後吃觀音土④，觀音土吃下去後墜斷了腸

裏來的姑娘作老婆，同班男女同學之間並不經常的相互走動，在他眼裏也是個大威脅。一天傍晚，他看見那三個男同學到女知青住處來串門，就喝令本家的子弟將男知青們捆綁吊起來，用毛竹扁擔痛打，一直打到他們立下保證書，再也不來賈村走動，老賈這才放了他們。這三位男知青爲此上訴了兩、三年，毫無結果。老賈根本就不把這當回事：「你告我？你連我雞巴都扳不倒。黨組織相信我！」

④ 觀音土是一種白色的很細膩的泥土，據說是古時候有一年大災，觀音老母從天上飛過，看到人間的慘景，於是拉下糞便，以拯救水深火熱之中的饑民。我的外祖母——她也是死於一九六〇年代的饑荒——吃過多次。我小時候嘗過一點點，沒有特別的怪味道，但吞咽時磨得喉嚨難受。

子，也是死去……。老婆婆在台上泣不成聲，農民們在台下垂首流淚，主持「憶苦大會」的大隊書記急得把老婆婆往下直拉，不讓她繼續說下去。

我二姨媽的村子在金寶圩四個公社之一的另外一個公社裏，距離我插隊的村子有近二十公里。那裏的農民家裏餓死人，開始的時候還有人把死屍用草席裹一裹拖出去埋掉。後來人死的越來越多，活著的人也餓得只剩下半口氣，就管不上死的人了。屍體放在床上，老鼠跑過來啃手指腳趾，活著的家人想站起來趕走它，掙扎了幾下爬不起來，老鼠也就不怕活人了。不但啃手指咬腳趾，還跑到死人臉上用爪子掏出眼珠來吃。活著的家人看著看著淌下了眼淚，然後乾脆閉上眼睛；他們曉得，用不著幾天，他們自己的屍體也會落到同樣的下場。

我們那兒的老農說，在他們的一生裏，在他們從祖輩父輩口中聽來的「幾個朝代的事情裏」，還沒有哪一朝哪一代，像「毛主席當皇帝的那幾年餓飯餓得那麼狠⑤」。

⑤　近來有一篇文章，相當具體地揭露了一九五九－一九六一年期間安徽西北部「人相食」的慘狀，見陸平：〈安徽亳縣大饑荒人吃人實錄〉（香港：《開放雜誌》，二〇〇三年十月號），頁六五－六八。文章中描述的一些類似的細節，我在皖南農村的老人那裏，也曾聽說過。其中最震撼我的，是吃了人肉的人，心理上終究受不了，有的發了瘋，有的投河自盡。

無學歷者無畏

「文革」以前的那幾年，毛主義的極端政治對中國大陸社會的嚴密箝制，已經使得我們周圍能夠接觸到的知識份子，噤若寒蟬。「文革」中間，雖然紅衛兵有一些牢騷怪話，但多半是針對著江青等人。即使是那些激進的革命造反派的油印小報，在挑戰毛澤東的路線和政策時，也都是用厚厚的馬列主義毛主席語錄遮掩著，亦即中文所謂的「打著紅旗反紅旗」，或者西文所謂的「戴著白手套式的挑戰。」像我所聽到的那位農家姐姐、農民江大哥和村裏老農憶苦思甜的言論，那般直接明瞭，矛頭對準毛澤東本人和共產黨的領導，眞是平地霹靂，振聾發聵！而且，他們的批評有根據、有比較，由具體事實引發出普遍結論，具備獨立政治見解的基本要素。

自從那以後，每當我讀到聽到新出版的有關中國的政治理論，都會聯想起當年那幾位農民平樸直言給我的啓發，努力把複雜的理論先拉回到地面上，與普通人日常生活的堅實經驗相對照。我的信條是：愈是憑著玄虛的術語、抽象的推理、美妙的承諾在高空飛翔的理論，愈是有必要迫使它與平實的經驗直面相視。

譬如，近幾年來，中國和海外的有些文章宣稱在毛澤東的著作裏或是找到了搞好市場經濟的指示，或是挖掘出實現民主政治的眞諦，等等。每碰到這類美妙的「理論新發現」，我總是想懇切地奉勸它們的作者：任何人讀毛主義的著作，若不核對毛主義的實際，是極容易走火入魔的，比中共官方媒體上所描繪的練法輪功要危險得多。對毛澤東的倡導，你怎麼看都可以，就是不能照著它去做。因爲毛澤東本人從來就沒有打算承受實施自己倡導的政策所引致的後果。這類後果不論是多麼地可怖，他都瀟灑地置身其外，誘使或者迫使別人去承受。你若不相信，讀讀下面的事實。

「文革」中的稿費

自從「文革」一啓動，文化人就成爲反覆打擊目標的首選。根據源於毛澤東思想的文化革命理論，文化人的主要罪過之一是「不勞而獲」，成爲「剝削勞動人民的寄生蟲」。主要證據便是他們既定期領工資，又拿稿費。於是全面廢除稿費制度，便成爲「文革」的首批輝煌成果之一。

那些名聲很大的文化人，更是被戴上「三名三高」——其中之一是「名作家，高稿費」——的超級帽子。全中國大陸有無數的文字工作者，因為曾經拿過稿費而被批鬥、遊街、毒打乃至喪命，他們的稿費存款被凍結被沒收。這其中衆人所熟知者包括巴金，他從他的文集收取的稿費截至一九六六年初，是十五萬元人民幣，楊沫從《青春之歌》收取的稿費是十萬元⑥。我們——「文革」中的紅衛兵造反派和受害者雙方——都以為，文化大革命這下子可把稿費制度的「命」給徹底「革」掉了。

直到毛澤東告別這個世界後，中國人民才斷斷續續地獲悉，偉大領袖在稿費這件事上，又「幽」了他們一「默」。最早是在中共官方印發的《揭發批判「四人幫」》的材料裏，人們讀到：江青經常向毛澤東索要稿費；要不到或者要少了就鬧事。但這批官方材料語焉不詳，不清楚這些稿費是何時來自何方，何等數量。

根據披露這個事實細節最早之一的中國大陸出版物的描述，除了工資以外，毛澤東有大筆稿費收入。在二十世紀五十年代後期，他自一九四九年十月起稿費累計已經達到人民幣一

⑥ 參見周雲夫〈也談毛澤東的稿費〉（香港：《開放雜誌》，一九九九年一月號），頁九九。

百萬元⑦。附註：在那個年代，中國大陸城鎮「職工」（對所有類型的職員、幹部、科教人員和工人的統稱）平均每人每年的總工資收入爲六百二十四元人民幣，全國城鄉平均每人的儲蓄存款額爲五元四角四分⑧。毛澤東這幾年的稿費總收入，相當於一千六百名職工全年工資的總和，或者相當於十八萬多個普通公民的儲蓄總和。

毛澤東的故鄉「韶山毛澤東同志紀念館」提供的影印件，披露了更具體的細節。這份影印件是一張一九六〇年度的「毛主席稿費清單」，列出這一年裏他共收入稿費二十三萬七千四百零四元九角三分，收入利息一萬四千九百八十六元二角四分。這時候毛澤東的工資是每月四百零四元八角⑨。換言之，這一年裏毛澤東的稿費加利息收入，是他正式工資的五十二倍。不要忘記我們剛剛說到的，一九六〇年是「三年大饑荒」最嚴重的一年；到這年的年

⑦ 邱小龍、呂鵬、武健宏編：《人生啓示錄：中國大悲劇中的人物》（北京，中國人民大學出版社，一九九三年九月第一版），頁九。筆者在此得益於署名「根源」的〈有關毛澤東鉅額稿費的一些其他佐證資料〉，《新語絲》（www.xys.org），二〇〇二年八月十七日。

⑧ 薛暮橋、馬洪、孫尚清編：《中國經濟年鑒》（北京：中國經濟年鑒社，一九九四年十二月第一版），頁八五五。

⑨ 《毛澤東遺物事典》（北京：紅旗出版社，一九九六年十一月第一版），頁五三一—五三三；王彬彬：《爲批評正名》（北京：時代文藝出版社，二〇〇〇年九月第一版），頁四七—四八。

底，全中華人民共和國因饑荒而死亡的總人數估計達二千萬至四千萬之間⑩。震懾於中國歷史上人爲政策造成的最廣泛的饑荒之可怕的後果，劉少奇斗膽直諫毛澤東：「人相食，要上書的⑪！」意思是歷史也許會忘記我們幹過的別的可怕事情，但不會忘記這一幕。附註：毛澤東這一年的工資外稿費收入，可以購買官價糧近三百九十萬斤（每斤六分五厘人民幣）；按政府配給制，城市成年人口每月二十八斤糧（我們那兒小鎮上只有二十四斤），這些糧食可供一萬一千五百人吃一年。

二〇〇二年七月中旬，中共中央黨史研究室和中央直屬機關黨委，就《毛澤東選集》新版的稿費和它的外文版的版權費是否要納稅的事項，向國務院請示，才使「文革」期間及其

---

⑩ 參見 Penny Kane, Famine in China, 1959 – 1961. *Demographic and Social Implications.*（London, The Macmillan Press, 1988）. 中譯本有彭尼·凱恩：《中國的大饑荒，一九五九—一九六一》（北京：中國社會科學出版社，一九九三年十二月第一版）。綜合性的資料評論參見陳永發：《中國共產革命七十年》修訂版（下），頁七五二—七五三，（臺北：聯經出版公司，二〇〇一年八月第二版）。相關出版物的書評見龔啓聖：〈近年來之一九五八—六一年中國大饑荒起因研究的綜述〉（香港：《二十一世紀雙月刊》，一九九八年八月號，頁一四—二一。

⑪ 劉源：〈對第二任國家主席劉少奇的政治評判：忠直坦蕩昭日月〉，收入《你所不知道的劉少奇》。（開封：河南人民出版社，二〇〇〇年一月第一版），頁七三。

後毛澤東稿費的情況得以進一步公開。在十年「文革」期間，《毛澤東選集》（四卷本）共發行三億七千四百五十八萬套，《毛澤東文選》共發行二億五千二百五十萬套，《毛澤東詩詞》共發行八千五百七十萬套。這些尊稱爲「紅寶書」的出版品的絕大多數，都是由公款「請來」（即購買來），贈送給個人。但是這一套政治宗教的公開儀式，並不排斥背後的金錢算計。一九六七年三月，國務院提出毛澤東稿費的計算標準（以每冊售價爲基準；那時中國大陸書籍的價格，很少有超過每冊一元的）：《毛澤東選集》每套一角人民幣，《毛澤東文選》每冊二分五厘，《毛澤東詩詞》每本三分（後調高到五分）。林彪、康生、江青等人發話：毛主席思想「是無價之寶。現擬定的稿酬，是否不適當」，應提高幾倍。最後該建議送呈毛澤東本人審閱。毛批示：還是以過去的標準爲宜。所以，按照國務院提出的和毛本人批准的上述稿費標準，「文革」十年期間，毛澤東的稿費收入至少達四千八百萬元人民幣之巨⑫。

這是全中華人民共和國唯一的一位在十年「文革」期間領取稿費者；所有其他在這之前出版過書籍的文化人，這時都在他的政策之下被迫地或主動地拋棄他們的稿費存款，並爲他

---

⑫ 程再思：〈毛澤東稿酬天文數字〉，《新語絲》（www.xys.org），二〇〇二年八月十七日。

們過去領取稿費的罪惡行徑而受懲罰。我在前面說過：「對毛澤東的倡導，你怎麼看都可以，就是不能認真的照著它去做。因為毛澤東本人從來就沒有打算承受實施自己倡導的政策所引致的後果。這類後果不論是多麼的可怖，他都瀟灑地置身其外，誘使或者迫使別人去承受。」我這段話，真正是對毛澤東思想和實踐認真學習的心得體會。

補記

在一個關於「文革」的小型討論會上，我簡要的作了以上關於毛澤東思想和毛澤東實踐的發言。幾個星期以後，曾經參加過這次討論會的一位洋人學者朋友，給我轉發來一篇編譯自德文資料的英文報道，並且附言：「你所描繪的毛主席的言行狀況，並非只是中華人民共和國才有；第三帝國元首在金錢上的言行，足資對照。」

這篇英文報道的標題是：「希特勒看來熱愛金錢，死時留下鉅額財產⑬。」它介紹的是

⑬ Steven Erlanger, “Hitler, It seems, Loved Money and Died Rich.” *The New York Times*, August 8, 2002.

二〇〇二年八月底上演的一部新紀錄片《希特勒的金錢》，導演Ingo Helm。一九五五年出生的德國新聞工作者，青少年時代接觸過大量有關第三帝國的資訊。他承認，不知不覺中也「受了希特勒宣傳的影響，我先前把他看作一個毫不利己的人。我早知道他是一個『政治意義上和人道意義上的』罪犯。但是，當近來瞭解到他很有錢的事實，這眞令我吃驚。」希特勒的財富絕大部分來自稿費收入——他的《我的奮鬥》一書發行量是如此之高，因爲在他作爲德國元首期間，任何一對德國男女結婚，他們所在的社區都要購買一冊《我的奮鬥》贈送。元首本人從這本書上收穫的稿費高達七百八十萬帝國馬克（reichsmark）；每帝國馬克約相當於今天的五至八美元。

除此之外，希特勒的標準像——元首的掛像無所不在——也是受版權法保護的，這包括郵票上的頭像。希特勒的私人朋友和攝影師 Heinrich Hoffmann，是被指定的唯一的版權費受益人。德國的法律原先規定版權有效期爲十年，但希特勒親手把自己標準像的版權有效期改爲二十五年。Ingo Helm 說，他懷疑希特勒暗中與他的攝影師分享著這一鉅額收入。

以上這篇報道介紹的那部紀錄片，極有可能是基於一九九八年德國出版的一部同名歷史著作。臺灣「中央社」記者歐俊麟於該年十月十七日從倫敦發出的專電〈德國歷史家稱希特勒不愛財是納粹神話〉，對此書有譯介：

多年來常有人認爲不管希特勒曾爲世界帶來何等災難，至少他還有個好處：就是他生活簡樸，不腐敗，不像他的納粹同黨善於斂聚；現在一位德國歷史專家卻說：這其實只是納粹黨的神話。

德國專家史華茲華勒在他出版的《希特勒的金錢》這本新書裏指出，在納粹宣傳機器的運作之下，希特勒成功的塑造了一個生活簡單，一心只想統治世界，而無暇追求個人財富的形象。但是，這位歷史家根據他的研究，希特勒善於聚斂，不但迷戀金錢，甚至在未得勢之前經常爲了逃稅而與稅務人員爭執。

史華茲華勒也透露，當年沒有如願成爲藝術家的希特勒，經由巧取豪奪個人至少擁有一萬件的繪畫和其他藝術品。而且直到他自殺身亡之時，他都還在抽取他的自傳《我的奮鬥》一書的豐厚版稅……。

根據他找到的資料，史華茲華勒說，單是《我的奮鬥》一書便使希特勒成了百萬富翁。此外，每次他的照片和肖像出現在郵票上時，他也都抽取了相當可觀的收益。他估計，在第三帝國當權的十二年裏，希特勒從一些工商巨頭得到的入帳每年就大約近一億馬克。這些錢都進到了希特勒的特別帳户，而由他的副手馬丁鮑曼負責管理。

把二十世紀三十年代至四十年代的德國，與二十世紀六十年代至七十年代的中國相比，一方面我們可以發現驚人的相似，另一方面也可以發現一個重大的區別：由自己的著作收取鉅額稿費的希特勒，並沒有把稿費制度本身作為一項「剝削罪行」而全面的廢除，但是毛澤東卻徹底革命到了這一步。換言之，在希特勒收取天文數字的稿費的同時，其他的德國文字工作者也能夠合法地收取不等水平的稿費。而在毛澤東收取天文數字稿費的同時，其他的中國文字工作者，不僅無法收取稿費，而且他們連拿回自己過去的稿費和收取當下稿費的念頭都被定義爲「罪大惡極」——當時官方的宣傳口號是「要鬥私批修」、「狠鬥私字一閃念」。

那位德國元首的政治手段，比較起咱們中國領袖的手段，還是顯得嫩生了些。

春節前夕憶老包

雖然正值農曆新年（一九九一年春）期間，心中卻總是有幾分抑鬱不歡。一尋思，畢竟有因。幾天前讀到《聯合報》和《世界日報》上刊登的消息，說中國司法部門趁中東海灣大戰炮火連天，趕緊審判自一九八九年六月以來就被拘捕在獄的「八九民運」知名骨幹分子。連同王丹、任畹町等人一起，包遵信也被判刑。「北京中級人民法院」的宣判書上說：包遵信「罪行嚴重，有悔改表現，從輕判處五年徒刑，剝奪政治權利二年。」

這裏我得要插一句，在中華人民共和國裏，有那麼多莊嚴的機構和物事，均冠以「人民」二字，比如「人民法院」、「人民法庭」、「人民代表大會」、「人民大會堂」、「人民警察」、「人民解放軍」、「人民鐵路」、「人民銀行」、「人民幣」、「人民醫院」、

「人民郵政」、「人民日報」、「人民出版社」、「人民政府」、「人民檢察院」、「人民審判員」、「人民武裝部」、「人民政治協商會議」等等，等等。凡是這些冠以「人民」二字的莊嚴機構和物事，其組織和運作，均非中國人民可以置喙和參與。我早先以爲這體現了毛澤東的政治智慧和幽默，因爲他最喜歡在關鍵的問題上講反話，弄得國內外的同志和敵人們均不知所措。日後我到蘇聯東歐北朝鮮等地做研究，才發現我在這一點上高估了毛澤東的原創力。所有這些我去做研究的國家，都普遍有在名稱和頭銜上無限慷慨地使用「人民」二字的傾向。所以一九八九年春天在東德的大城市Leipzig，當人民群衆要求對他們的「人民政府」之組成表達意見而被斷然拒絕的時候，他們上街遊行舉著這麼一條大標語：「——「我們就是人民！」（Wir sind das Volk！）

話說回來，相比較於其他的知名民運人士，老包被捕的確實消息，很晚才傳到海外。「六・四事件」之後，與中國內地的諸種通訊一度中斷，隨之在海外報刊上經常看到未經證實的種種傳聞，這個被捕，那個被殺。過了一段時間，有些已經「被捕」或「被殺」的人又逃跑了出來。這麼幾次反反覆覆，海外的人也就對所有有關民運人士被捕和傷亡的消息抱著不敢過於輕信的態度。讀著別人逃難出來的報導，我心中總是祈禱：但願下一次老包也在這幫不幸而又萬幸的成功逃難者中間，突然出現在巴黎或者舊金山。

可是畢竟沒有。

在這期間與「六．四事件」後逃難出來的原先就認識的朋友們聊天，談起老包，有人就寬慰咱們說：「他也許沒給抓到。老包長得像農民，躲到鄉村荒野，一點都不像個知識分子，公安局的人認他不出來的。」

於是我心裏又祈禱：但願老包藏在九百六十萬平方公里的社會主義祖國的哪個僻遠角落裏，與當地的勞動人民打成一片，讓軍方警方查不出來，挨過這段艱難的歲月。

然而一切都是妄想。最後傳出來的確切消息稱，老包是被捕了。有一次在電話中遠志明——他在「六．四慘案」以後逃了出來，旋即成爲基督教傳教士——告訴我：有人在北京的一家軍隊醫院裏看到老包被押送著去治療，已經全身萎縮，像個乾瘦的孩子一樣蜷曲在小推車裏，看樣子是活不長了。

名銜成堆，其貌不揚

就在一九九一年初北京宣佈判決結果前不久，又聽到別人說：位於歐美的國際人權組織得到消息，包遵信在監獄中受不了，幾次企圖自殺，未遂。

所有這些都是傳聞，未經證實的。我所能夠證實的，只是過去我跟老包交往中得知的一些事情。

我第一次見到老包，是在一九八二年秋天北京《讀書》雜誌編輯部舉辦的例行座談會上。出席座談會的都是些北京知識分子圈子裏的人，我記得有朱狄、王小強、吳國光、梁治平等人。大家一見面都很熟悉，只有我是剛從外地分配到北京，因此《讀書》的編輯王焱（「六．四」以後也坐了一陣子牢）特地拉著我到主持座談會的老包面前介紹一番，稱呼他的頭銜是「中國社科院歷史研究所副研究員，《讀書》雜誌副主編，實際上的雜誌主要負責人」。

我看了看老包，坐在一把椅子裏，兩腿盤起來，像個猴子。人又黑又瘦又小（我後來才知道老熟人們背後稱他爲「小老包」），穿得也是一套皺巴巴的深色衣褲。講起話來衣袖朝上一捋，滿口濃重的土裏土氣的南方口音（不久辨認出來原屬安徽一系）。我心裏直嘀咕：大名鼎鼎的《讀書》負責人可眞是不怎的，一點兒風度也沒有。

可就是這位其貌不揚的老包，幾年裏面幹出了好幾件挺漂亮的事情。幫助主辦《讀書》雜誌算是一件。具體的編輯業務當然不是他做的，多半是王炎在忙乎，但老包出色的活動能力，開放的思想傾向，爲《讀書》廣交有識見有膽量的中青年作者，使這份雜誌成爲中國大陸上享有盛譽的文化刊物，品味嚴正，風格樸實，取向新穎，內容充實。澳大利亞和美國研究中國問題的洋人學者多次在論文和著作中稱讚《讀書》在中國十年（截止一九八九年春）改革開放中起到卓越的作用。

參與發起和組織《走向未來》叢書也算是一件大事。老包既沒有爲這套叢書做過編譯，似乎也沒有爲它寫過什麼小冊子。但他爲人豪爽，心胸坦蕩，容得了人。大家都尊他爲兄長，買他的帳。他身爲叢書主編，像一塊糯米糍粑，能把一大夥人人自命不凡、個個兩眼朝天的中青年學者粘合在一起①，眞是勉爲其難。《走向未來》叢書從一九八三年六月創刊到一九八九春學運興起之前，一共出書近八十種，每種印刷多則八、九萬冊，少則三、四萬冊。雖然它們之中絕大多數學術水平不甚高深，但對於長期閉關鎖國的中國大陸，在通俗地介紹域外新思潮新觀念新學科方面，卻是功不可沒。在中國大陸二十世紀八十年代的「叢書」熱中，《走向未來》既是首開先河，也是影響最巨。

---

① 在這個編輯委員會的三十多名成員中，至少有十人因爲「八九民運」而倒楣，包括撤職、坐牢和流亡海外。只有兩三位在政界繼續生存著和發展著；這少數人或是「老革命」的兒子，或是「老革命」的女兒的先生。

老包魅力不可多得

參與開辦中國文化書院也算是一件。老包在裏面既擔任一點組織工作，也授課教學。二十世紀八十年代中後期，中國大陸興起「文化研究熱」，「全盤西化派」、「儒學復興派」、「西體中用派」、「中體西用派」、「折衷選擇派」等等，爭得不可開交，焦點仍然是「五四」運動以來的老主題：如何使中國既不失爲一個獨特的文明實體，又不排斥走向一個現代化的國家？在這場熾熱的大論戰中，老包是徹頭徹尾的「反傳統派」，到處做報告寫文章，痛斥百分之百的和百分之幾十的「保留傳統」派，不願意有絲毫的妥協。有人從北京轉告身在波士頓的我，老包看了我在海外寫的有關儒教文化與「東亞發展模式」的文章，大爲不悅，忿忿然道：「丁學良怎麼也變得保守了，爲傳統文化抹金？」老包發火有點理由，我那篇評論東亞成功與儒家倫理的文章，標題是〈非民主制度下，怎樣現代化？〉，恰好與老包反駁「東亞成功儒教有功」論的大作，〈儒家倫理與亞洲四小龍——「儒家復興說」駁議〉，登在同一期的《明報月刊》（一九八八年一月號）！眞是冤家路窄。

一九八九年春季之前幾年的那段時間，老包還參與過幾起有意義的事情：與鄧小平的長子鄧樸方在一起主辦《華夏讀書二十世紀文庫》，編譯出版像摩爾（Barrington Moore, Jr.）的《民主和專制的社會起源》和波普（Karl Popper）的《歷史決定論的貧困》這樣十足反馬克思主義的西方名著。與鄧樸方合不來分手之後，老包又去設法舉辦大型文化社會雜誌《太平洋論壇》，努力把海內外華人知識分子串聯在一起，探討復興中華民族的問題。雜誌只出了一期就停刊了，因爲碰上了「八九民運」。

頂尖的社會科學活動家

一九八〇年代的中國大陸，不論哪裡有文化知識界集體協作的、有意義的活動，都少不了包遵信。老包不算是頂尖的學者，但卻是頂尖的社會科學界活動家。他那瘦瘦小小的身體裏，有那麼多的精力。你經常可以看到黑瘦的老包，手裏提著一隻黑舊的皮包，馬不停蹄地從這裏跑到那裏，一天主持好幾個座談會。每個座談會上，都少不了要大著嗓門講一通話，喝幾杯濃茶，抽幾枝勁煙。他身體不好，有時累過了頭就吐血。吐一灘血，抹抹嘴，喘一口氣，又出去奔波。他太太有時向朋友訴苦：老包總是大清早出門，半夜才歸家。別人的爸爸忙著給孩子補功課，希望考上一所好學校，我們家的孩子連見到爸爸面的時間都不多。

老包那乾瘦乾瘦的身體裏，有那麼多的熱情和義氣。我們只見過一次面，第二次在路上碰到，他就拉著我去找個地方喝酒。北京東直門旁路邊的一家小飯館裏，蒼蠅翩翩，顧客寥寥。兩碗白乾，一碟煮花生米，一盤長毛的滷豬頭肉，我們倆喝得酒氣干雲，意氣勃發。煙霧繚繞中，信誓旦旦，要爲中國現代化幹一番事業！

老包主持《讀書》雜誌期間，總是有辦法把各路人馬邀到北京朝陽門內大街一六六號去，讓老中青三代知識分子在一起就大家最關心的問題進行溝通。我一九八四年仲夏啓程出國前不久，還被邀請去參加了一次四—五十人的大型座談會。在那裏第一次見到我所尊敬的劉賓雁先生，謹慎小心地談他揭露東北官僚特權遇到的困阻；蘇紹智老師談他訪問東歐觀察社會主義世界政治經濟改革的感想；中國科技大學的溫元凱手舞足蹈地談他參加全國人大代表討論會上的見聞。座談會結束時，胖胖墩墩、老成持重的王焱發話：「根據事先安排，《讀書》預備了一頓便飯。凡屬於事先接到邀請信來參加這個討論會的，會後請留下用餐。凡是沒有接到邀請信自動跑來參加的同志，恕不能招待，事先實在沒有爲這麼多人作準備。」老包一聽，馬上捋起袖子，手一揮：「來的都是朋友，不管事先有沒有被邀請，都去吃。招待不周，諒大家也不會見怪。」於是四、五十人，浩浩蕩蕩，開到東直門附近一家四川農民進京辦的個體戶飯莊。在裝飾得紅紅綠綠、俗不可耐的飯廳裏，大家就著麻辣厚重的四川菜，打開北京郊區順義產的當年帶有洗鍋水味道的「燕京啤酒」，暢談起中國的前途和人類的命運來。

長江岸邊果然蓋世之材

在老包那瘦瘦小小的身體裏面，有那樣的一股豪壯之氣！這也難怪，他出生在安徽省和縣，長江岸邊，與我的故鄉一水之隔。那兒是「力拔山兮氣蓋世」的西楚霸王項羽自刎之地。飲著摻和有楚霸王血漿的大江之水長大，怎會扭扭捏捏左顧右盼？

「八九學運」驟起，在海外聽到老包一馬當先，組織北京的知識界聲援絕食的大學生，我一點也不感到意外。老包一直就是那樣的以天下事和國事爲家事，救國心切，疾惡如仇；逢到這樣非常的歷史關頭，他豈會束手旁觀？老包身爲史學大宗師顧頡剛先生的關門弟子，自然有一股濃厚的歷史責任感。

很多人都說：老包雖然結交甚廣，卻不太會爲自己謀利益。安徽鄉下走出來的老包缺了一點盤算的心眼。這些年來，那麼多的中國大陸人士出訪歐洲北美，其中竟然從來沒有老包。憑著老包這些年來在知識界發起和參與的那麼多重大的活動，他也比許多出訪西方的中國學者更有資格出來介紹中國大陸社會科學事業的發展變化。

去年（一九九〇）年底，當我聽到「八九民運」中的人士即將被審判，並且有很多令人恐懼的傳言（包括「要殺一批」）的時候，就急著與美國學術界聯繫，看看能不能對他們提供適當的法律援助。波士頓大學研究中國歷史和知識份子問題的的谷高梅（Merle Goldman）教授就納悶地問我：「爲什麼十年改革期間，包遵信在中國從事過那麼多的知識界重要活動，卻不爲外界所知道？他既沒有出過國，也沒有西方學者去中國訪問他。」我黯然無語。老包太「土」，形象太土，心眼兒也土，大概從來就沒有學會這年頭很時興的「出口轉內銷」的技巧——在外國大吹自己在中國的影響如何如何，然後回到中國再大吹外國人如何重視自己在中國的影響。

何日重逢憑江豪飲？

從北京流亡美國波士頓的白樺女士告訴我：「六・四事件」以後，北京的朋友們曾經設法給被捕的多位知名人士家裏送點救濟金去。別的人家多少都送到了，老包家卻送不進去，因爲門口的便衣警察看守得太緊，有個別鄰居家的大孩子（也許是小青年？）還趁機給老包家的人氣受。白樺歎口氣道：「老包家裏本來就清苦，那幾年他風風光光的時候也沒給家裡弄什麼好處，這一下日子可就難過了。」

老包，老包！你在國內竭盡全力爲中國的啓蒙事業而奔波的時候，我到國外來留學鍍金。雖然在國外咱過得也是窮學生的日子，但比國內的你卻好上一截。你現在爲中國免於衰敗而坐牢的時候，我既無法救你出獄，也無法爲你家人送錢，也沒有膽量坐飛機回北京去爲你在法庭上伸張正義。我唯一做過的事情，就是給美國的學者們和人權組織打電話，提議他們千萬不要忘了你和像你一樣的和平抗爭愛國者。春節之際，只能遙向獄中的你拜年：你要多保重，硬著頭皮活下來，等著共產黨裏最熱中於以暴力來解決社會問題的極端派走腿的那一天。雖然我這個人生性悲觀，卻相信這個日子不會遠了。待到中國重新開明開放的那一天，我回到北京去找你，口袋裏多揣幾張外匯，找個像模像樣的飯店大吃大喝一通。或者你若是願意，咱倆回安徽老家，攜一壺陳年烈酒，央和縣長江裏的漁老大煮一尾鮮魚，我們憑江而飲，從頭叙過這些年來的風風雨雨？

補記

就在以上的向獄中的老包拜年的文字發表之後的兩年又六個月，我終於在北京見到了老包，其時他剛從監獄裏假釋出來不久。他告訴我，有人從美國把我的這篇短文經由香港的記者，帶到北京交給了他的家屬。他的家屬又設法將文章的問候轉告給了尚在獄中的他。老包的女兒在爸爸假釋返家後挺不以爲然地問他：「這個姓丁的是你的朋友，又是老鄉，幹嘛在文章裏說你是頂尖的社會科學活動家，但不是頂尖的學者？」老包答道：「我覺得這個評價還是蠻公平的。」畢竟是老包，何其胸襟坦蕩！

我在電話中約老包：「幾年前在文章中說了，我要回國時口袋裏多揣幾張外滙，找個像模像樣的飯館跟你大吃大喝一通。你能不能設法出來？」第二天中午，在位於「東四」十字路口附近的「錫林郭勒餐廳」裏——該餐館大門口懸掛著曾任「中華人民共和國副主席」，人稱「內蒙王」的烏蘭夫親筆所題的店名，以示飯館的地位——我和老包對面而坐。老包從土黃色挎包裏提出一瓶五十多度的「鄭板橋酒」，說是專門爲我倆重逢而早預備下的：「鄭八怪一生恃才傲世，不拍官府的馬屁，咱們就喝他的酒！」

我特意預訂了蒙古大菜中的珍品——烤全羔羊。我勸老包用鋒利的蒙古小刀剖開烤羔羊的肚膛，將一副內臟和酒吞下。老包看著還帶有鮮血的一小團內臟，有幾分躊躇。我向他解釋：這種小羔羊還在喝母乳的階段，從未吃過草料，內臟很潔淨。根據中醫教導，和酒將它吞下，大補元氣。你從牢裏剛出來，得補補身子。

老包聽後，斟滿一小碗白酒，仰頭「咕咚」一聲，就生吞下那幅羔羊內臟；吞咽時鼻子眼睛都擠在了一塊。

我建議老包把他親身經歷的「八九之春」和隨後的遭遇寫出來，趁著記憶還鮮紅鮮紅的時候趕緊寫，如實地寫，既不要刻意美化學（民）運的參與者，也不要刻意醜化反對學（民）運的那一方。老包說他已經動筆，遵循著不怕惹惱得罪任何人的「信史」標準在寫。

那是我最後一次見到老包。

中國大陸自由主義的首席發言人

——對李慎之老師的遲緩追憶

李慎之老師去世（二〇〇三年四月二十二日）幾個小時以後，海外的學術界就得到了通知。這個噩耗，是他在美國研究所的學生王君用英文向我們發出的。

李慎之老師剛一去世，曾經和他一起共事的同輩和晚輩學者們，紛紛撰文，表示悼念。但直到李老師去世後將近一個月，我的悼念文章還沒有問世，以至於引起北京的朋友們的納悶和催促。如此遲緩的原因，是我聯繫不到中國國內的報刊發表。雖然我多年在海外工作，但特別看重紀念李慎之老師的文章，能夠刊載於中華人民共和國境內的報刊。看重這一點，是因爲我自認爲理解李老師一生的追求，一生的夢想，一生深刻的遺憾。他所思所論的，惟有放在中國大陸的背景下，其意義和價值，才能得到完滿的呈現。因此，讓他一生爲之痛苦奮鬥的國人來讀到追念他的文章，才是最恰當的。然而將近一個月，我追念的文章無法在中國國內找到發表場地。這就是本文標題——「遲緩」——的含義。

對李老師的最初認識

我稱李愼之爲「老師」，有兩重原因。在一九八〇年代的北京學術部門，包括非常衙門化的中國社會科學院系統，人們也很少以職務來稱呼他人。我觀察到，如果某人是地位很高、學術教養很好的尊長者，他稱呼比他年輕、地位低的人時，冠以「老」字，譬如「老張」、「老李」，那就是對那個年輕人學問極高的尊重了。反之，像我們這些剛從大學分配去的人，遇到比自己地位和學問高很多的尊長者，就會稱他爲「老師」，即便他和我們沒有嚴格意義上的師生關係。一聲「老師」，裏面包含著敬重和親切，包含著這樣一種含義，就是：我尊重你，不是因爲你的學術地位或行政職務很高，而是你的學問和文化教養高。這是我稱李愼之爲老師的一個原因。另一個原因是，他和我的恩師蘇紹智先生，既是多年的老朋友，也是多年的同事。所以，我是把他當作自己的師輩來稱謂的，內心裏就是這樣看他。

我第一次聽見「李愼之」這個名字，應該是一九八三年的初夏。每個星期二的上午是我們例行的政治學習，也是同事之間交流形形色色的政治觀感包括小道消息的時候。在政治學習結束、快要吃午飯的休息時間裏，我們幾個年輕人站在走廊裏聊天，我就問比我先來研究所工作的一位林同事：「李愼之是誰？」因爲在好幾次的政治學習和聊天中間，我都聽到這個名字，而且都是在一些非常有趣或者重要的背景下聽到。「你都不知道李愼之是誰？」那位林同事帶著一種非常意味深長的微笑，看著我：「李愼之是當今中國頭號資產階級自由化分子。」

這個說法一出來，令我大吃一驚。因爲那時在報刊上，「資產階級自由化」這個提法結合著內部正轟轟欲動的批判人道主義、異化論的運動。當時在報刊上還沒有點誰的名，但是在內部的討論會和小道消息中，據說上面已經開始對鼓吹社會主義異化論和人道主義的知識份子領頭人物進行批判，而當時最著名的代表人物是周揚和王若水兩位。周揚在中國文化藝術界，可以說是一個「異類」。他在文化大革命前是中共主管文藝的最高官員之一，被稱爲文藝界的「沙皇」。文革中因爲備受磨難，大徹大悟，從此認定了要對人的自由尊嚴進行肯定，大大推展對人道主義和異化的研究。王若水當時是《人民日報》分管理論問題的副總編輯，是在社會主義異化問題和人道主義研究中，影響最大的理論家。這兩位也就是在我們內部政治學習或者小道消息中，被指責爲資產階級自由化的代表人物。在當時，還沒有任何報刊和內部的文件，把李愼之也放到其中進行批判。所以，當那位林同事說他是「當今中國頭號資產階級自由化代表人物」的時候，我眞是驚訝無比！顯然，這位姓李的思想比周揚和王若水，對現實還要更具批判性。但他是誰呢？他其實當時就在與我們研究所同一層樓的社會科學院的美國研究所工作。

林同事告訴我，說「李愼之是當今中國頭號資產階級自由化人物」的，是鄧力群。鄧當時是中共中央宣傳部部長，中央書記處研究室主任，並且兼任中國社會科學院資深副院長。他與胡喬木是最賣力地推動對社會主義異化論和人道主義進行批判的領導人物。

與李老師最初的間接交往

雖然從對李愼之的那個評語中，我產生了極大的好奇和暗中的敬意，當時卻沒有機會立刻直接地接觸到李老師。在我的記憶中，第一次與李老師有過間接的接觸，是一九八三年的八月份。其時，《鄧小平文選》剛剛出版發行，這在中國大陸的政治生活中是一件大事。最主要的官方報刊都在組織理論工作者撰寫學習《鄧小平文選》裏重要觀點和思想的文章。當時的《人民日報》負責人是中國一九七八年改革以來思想最爲開放的一群，包括胡績偉、秦川、王若水先生。在他們擬定的十幾個專題中，其他的都已經找到合適的人或者小組撰寫文章。而他們認爲《鄧小平文選》中最最重要的思想，是反對封建主義餘毒、改革党和國家領導體制的那篇講話①。我們都知道，在中國政治背景下，「封建主義」、「封建餘毒」具有特別的政治敏感性，指的就是專制、獨裁、暴政，而毛澤東便是其集大成者。鄧小平的那篇講話，是他對文化大革命爲什麼會發生以及怎樣防止文革式的政治悲劇再發生，所得出的最有積極意義的結論——就是要從政治制度改革著手，徹底清除中國的專制主義的影響。

《人民日報》當時通過我們所的負責人蘇紹智老師來組織寫這篇文章。很多人都覺得寫這樣的文章是要冒政治風險的，這可以從老一代領導人王震的講話中看出來；王震被認爲是鄧力群他們的後臺。王震當時就說，「反封建主義，反封建遺毒，就是反對黨的領導，就是反對我們！誰反對，就鎮壓誰！」這便是那時的政治氣氛。幾位深爲我敬重的師輩們，當時找到了我，讓我寫這篇文章。在八月的一天，吃過晚飯以後，我到了蘇老師的家裏，在北京

① 此篇講話是鄧小平一九八〇年八月十八日在中共中央政治局擴大會議上所作，收入《鄧小平文選》（北京：人民出版社一九八三年七月第一版），頁二八〇—三〇二。後來獲悉，此篇講話草稿的執筆者乃是廖蓋隆，時任中共中央文獻研究室副主任，日後也兼任我們所的副所長。

永安裏，那一帶是《人民日報》幹部宿舍區。在討論這篇文章的要點時，在座有一位是《人民日報》理論部的負責人何匡先生，他也被鄧力群指責爲「思想極右」。在談話過程中，他們打電話同李慎之老師商量，那是我第一次間接地與他有了接觸。他們商量的要點，最後融進了我的文章，題爲《切實改革，肅清封建主義殘餘影響》。該文發表在一九八三年八月廿四日的《人民日報》。（我還記得，喜得稿費六十塊人民幣，差不多我一個月的工資。）隨後，在十月份的《新華文摘》上，這篇文章被列爲第一篇，放在當時的政治局委員和領導人的文章之前。這是因爲這篇文章在當時的政治氣氛下，可以說是觸及到了最敏感的政治制度改革的核心。

與李老師最後的交往

非常有緣的是，將近二十年之後，我在香港科技大學工作期間，李慎之老師成爲我們科大人文社會科學學院聘請的學術顧問之一。通常，我們學院聘請的學術顧問，都是在海外、主要是西方的名牌大學裏的名教授，地位崇高。他是顧問中唯一身在中國大陸的學者，可見我們對他是如何的敬重。二〇〇一年，他來香港科大開完顧問會議後，應邀作報告。當時，院裏問我，應該對李愼之做怎樣的介紹。我說：「一句話就可以概括出他在當今中國大陸知識界的地位，就是：他是中國知識分子的良心，是中國大陸自由主義傳統的首要發言人。」而李愼之老師那一次在香港科大作的報告，又是關於中國專制主義的影響。我記得來聽報告的人非常之多，會議室裏的椅子不夠用，很多人是站著的，有些人是坐在地板上的。

我一九九三年二月份離開美國到香港來，然後又到澳大利亞去。在這期間，我給李愼之老師郵寄過我在海外用中文發表的一些文論。每次回北京，只要有機會，也總想同他見面。可惜大部分時候都碰他不上，只能在電話中聊一聊。好在他在電話中，同與你面對面講話一樣的熱情、親切。第一次在北京跟他有過整整大半天的交談的，是一九九八年六月下旬的一個周末。那次他約了幾位青年朋友，其中有兩位是我出國以前就認識的，還有好幾位是原先不知名的，大家都是因爲李老師核心的吸引力聚在一起。他們告訴我，像這樣的聚會差不多每個月有兩次，都是研討中國歷史或現實中最重要的一些政治、社會和文化問題。我當時就非常的羡慕。在幾個小時的研討以後，我們去了一個很偏僻的小餐館。大家一邊吃飯，一邊喝低檔啤酒，繼續聊了一兩個小時，最後我們幾個晚輩弟子送他上車。當他個人的專車來接他的時候，他笑著對我們說，「這是我這個退休的高幹才能享受到的。我現在唯一不拒絕的特權，就是公家給我配一個車子，配一個司機。這樣，像我這樣一個身體不好、行動不便的人，才能在北京轉來轉去。」

我欠了李慎之老師一篇大文章。二〇〇〇年元旦，我在香港和臺灣同時發表了一篇短評〈美中衝突中的四種主義〉，討論美國同中華人民共和國之間發生根本衝突的原因。這篇文章探討一個很重要的問題：美中之間的衝突，在多大的程度上，是雙方的政治制度不同造成的；在多大的程度上，是雙方屬於不同的種族和文化造成的。換句話說，假若一九九一年蘇聯垮臺以後，中國不再是共產黨專權，但同樣是一個快速發展中的東方大國，美國會否不再把中國的發展，視為對它的重大威脅？這篇文章因為在海外傳播極廣，李老師也看到了。我回北京的時候，在電話中同他交談，他說這篇文章被一些中國國內的人視為鼓吹民族主義即nationalism，而且是無條件的。李老師傳話，「你的朋友說：連丁學良這小子都為民族主義說話了，以後不理睬他了！」

我簡短地跟他解釋，這是誤讀。因為我知道在海外發表的東西傳到中國大陸去的時候，常常並非是完整原樣的文本。李老師在婉轉地表達了對我的批評的同時，也說到：「我理解你不是那個意思，不是要鼓吹用民族主義來對抗民主自由的世界潮流。」李老師對我特別強調的一點就是，在中國特殊的政治狀況之下，民族主義只會幫助反對改革開放、反對自由民主的勢力。

我理解李老師沈重的考慮和告誡。但是在理論上，我不同意可以把任何形式的民族主義同民主自由價值觀對立起來。我當時在電話中跟他說，我要寫一篇很長的文章，把不同形式的民族主義與自由民主之間的關係理清，以便爲爭取中國國內的政治公正和中國在國際社會裏的公正，找到一個理論框架。我知道這樣的一篇長文很難寫，因爲它並不是純粹的概念討論，而必須把中國現在國內政治的困境與中國在國際政治中的處境，這兩者之間非常令人困惑的關係講淸楚。我確實是很認眞地在寫這篇長文，已經寫了一年多了。本來是將它作爲一本書裏的一章，以回答那些在中國國內和海外，對我先前那篇文章提過批評和質疑的讀者和朋友們。更重要的是，對中國國內的政治狀態在多大的程度上影響了中國的國際地位這樣一個難題，作一個立足於「民主的國族主義」（Democratic nationalism）立場的正面回答。這篇寫了一年半的長文，現在還在我的抽屜裏，幾易其稿。這本大約是十萬字的書，沒有寫完，李老師就已經離開了我們。作爲一個學生，我欠了他一篇大文章。我現在都不知道，什麼時候才能把那篇文章寫好，把那本書寫完。

李愼之老師是他那一輩人中最傑出的幾位之一，在許多方面都超出了他那一代人很難超出的局限。爲此，他也付出了他那一代很多人都曾經付出過的有形無形的代價。他已經反覆闡明的一些問題，在今天的中國社會裏很難推展落實。他所面臨的另一些問題，不僅困惑了他那一代人，而且也困惑著後輩。如果我們再回過頭來看得更遠一些，就會發現，李慎之老師那一代人沒有完全解答淸楚的問題，實際上，在他們之前的兩代中國知識分子那裏，都已經被反覆地爭論過、嘗試過了。使得中國幾代最優秀的頭腦都苦苦思索，無數的人爲它們付出了心血，無數的人爲它們付出了鮮血，還有很多人爲它們付出了生命的那些難題，在中國本土沒有被理淸，遑論得到解決！這是那幾代人的悲哀，是李老師本人的悲哀，是我們這代人的悲哀；很淸楚地，也是我們整個民族的悲哀。

間接感受《在秦城坐牢》

中國人在請別人爲自己的書作序時，通常會是請兩種人（或一身兼備這兩種素質的人）：第一，比自己資歷更深的名人；第二，肯定會爲自己說好話的友人。前者是以別人的響亮名聲爲自己的書作廣告，後者是以別人的通篇讚揚爲自己的書作推銷。

這兩種素質我都不具備。所以當「明報出版社」的主編通知我，戴晴希望我爲她的《在秦城坐牢》這本書作序時，我頗感驚訝，同時也佩服戴晴挺富有冒險精神。

戴晴的書說的是一九八九年春天北京的那場學（民）運，以及她本人在這之後坐秦城大牢的經驗。這些事我都沒有經歷過。缺乏親身經歷使得我難以就她的書述及的細節評說優劣，缺乏親身經歷又使得我有可能以較爲超脫的心態對這段歷史發些議論。

不寫便是錯

首先我要說的是，所有不幸和有幸參加（或捲入）過八九學運的女士和男士，都有責任把個人的經歷寫下來，這是給自己、也是給後人作愼重的交代。她們（或他們）的同時代人和後代的人們有必要知道，在那段時間裏究竟發生了甚麼。一九八九年七月，我們應邀赴巴黎出席法蘭西大革命二百周年紀念慶典，首次晤見中國學運人士的時候，我就對他們說：「現在全球都生活在中國六四事件的陰影之中，你們因此成天被西方媒體所注目。這不會持續很久。西方國家是市場社會，市場上沒有經久不變的時尚。美國總統在位之時，媒體捕捉到他的只字片語都視爲珍寶；去職以後，幾個月都難得在電視上看到他的一個鏡頭。對本國政治家尚且如此「世態炎涼」，何況對來自他國的政治流亡人士。所以你們要抓緊時機，把八九之春的經歷寫下來。目前寫作的資助易得，寫出文字後讀者也多。以後就難以得到這麼廣泛的關注了。」

我說這些話的時候，大多數的學運人士都顯出不屑的神色。以後數年的事實似乎也證明，他們的確是言行一致——不說要寫，也眞的不寫。

把這些個人經歷寫下來的價值何在?價值多多。其中之一是：像我這樣靠做社會科學研究混飯吃的人有原始資料可查索。其中之二是：使寫的人和讀的人今後儘量少重複——說「不重複」是樂觀得太離譜了——八九民運中類似的錯誤判斷和不智行動。

戴晴這本書的記述和議論有兩個長處——細節(時間、地點、人物、過程)清楚，褒貶分明(指名道姓地說好話和說壞話)。我很討厭盛行於我們中國人裏面的兩種作文風格，一是寫文章時不署眞名，二是批評別人時不指名道姓，用模糊籠統的代詞，如「有人」、「某大學教授」、「一位衆所周知的港商」等等。這兩種風格其實都植根於一個品性：懦弱和躲避責任；至於把兩種風格集於一身——匿名發表文章批評他人——則屬卑劣了。一個人用眞名發表自己的眞見誠然是對讀者負責任和有勇氣的表現，一個人署眞名來指名道姓地批評他人，更需要做人的勇氣和負責之心。因爲你寫的一切連同你自己，都在衆人的審視之下，和尚與廟都跑不掉。因此，也許我並不必然地同意戴晴在這本書中對別人所作的一切批判，但我卻十分贊同她作這些評判的那種坦直的方式。

想像中的監獄更難坐

如果說戴晴對八九學運中很多著名人士的評判容易引起爭議，那麼，她對自己坐牢經驗的描述就更具爭議性了。我聽說有些讀者早就批評她的《我的入獄》一文把共產黨的監獄和公安人員寫得太文明太人道了。我讀過這部分回憶文字後，覺得要理解戴晴的描述，必須得考慮到多層因素。

第一，戴晴坐的不是普通監牢，而是關押最重要的政治犯的秦城監獄。它在中國衆多監獄中的檔次，有如北京王府飯店在中國衆多旅館中的檔次，乃屬屈指可數的五星級。能夠被關押在秦城監獄，實屬在政治方面犯了「大師」一級的罪，同時犯罪者又必須是全國知名人士。中國共產黨的政治是最地道的精英政治，對己對敵均看重精英，對敵人一方尤其如此，可惜許多人不甚明白這個道理。一九七五年三月奉毛澤東的指示，中國公安部宣佈特赦所有在押的前國民黨「高級戰犯」，這其中就有黃維將軍。黃維兵團在與共產黨作戰期間，一度將司令部駐在我的家鄉安徽宣城。黃維等人的特赦消息公佈後，他屬下的一個班長（家居宣城西鄉）立刻跑去派出所申訴道：「我從前的司今長官特赦了，還進了共產黨的全國政協。

我這個小班長還戴著四類分子的帽子，應該摘掉了！」派出所的人冷冷地答道：「你殺解放軍殺得太少了。當年如果殺得多，當上了國民黨的將軍，這會兒你也就進政協了。」

所以，作爲一個規律，那幾位被中共中央政治局委員陳希同的「六・四平亂」報告點名的全國最知名的「動亂精英」在牢裏的待遇，一定會比普通的「動亂分子」好得多。一九九三年夏初我在北京問因病假釋出獄的包遵信，在大牢裏有沒有受罪，他說還好，每天甚至免費供給一盒香煙。我當時立刻生出一個念頭，倘若我將來坐牢，一定會申請每日供給一點酒而不是香煙（我討厭抽煙）。當然我會很自覺，只要求普通的國產酒如紅星牌二鍋頭或者孔府家酒而不是進口的XO（包遵信說給他的煙不是「紅塔山」而是中檔煙，煙的名字我忘了）。

第二，戴晴坐牢的原因是八九學運而不是別的罪名。在一九四九年之後的北京，任何一場政治事件，都沒有像八九學運那樣贏得過那麼廣泛的人們的同情。同情者不僅僅是普通百姓，也包括共產黨的各級幹部、軍隊和警察（包括國家安全部）中的官兵。那些逮捕、看守和審問戴晴的人，有一部分也許內心裏根本就同情八九學潮，不是仇視而是充分地理解他們的訴求。

第三，秦城監獄的工作人員自從「文化大革命」以來，看多了「朝爲階下囚，暮成座上卿」的悲喜劇（這點戴晴在回憶中已經點到），心裏說不定存著「來日你平反上臺，匆忘今日我對你曾以禮相待」的念頭。確實，以前被關押在秦城監獄的彭眞等人，日後不都是平反翻案、重新做了人上人麼?我記得一篇關於王軍濤的報道，看押他的人就對他說：「大哥，等到給八九學潮翻案，您當了領導人的日子，可別忘了咱們！」這種心理，也屬人之常情。

第四，還有一個原因，就是戴晴原來聽說過種種有關共產黨監獄駭人的描述，心裏對被捕入獄以後的待遇，存著壞得不能再壞的預想。一旦受到的不是那麼壞的待遇，內心感受的反差就特別強烈。人對任何一種生活經驗的評價，總是或隱或顯地對照著主觀的期待而作出。期許越低，越多驚喜的機會；期許越高，越多失望的可能。中共宣傳戰線上的領導同志，幾十年來一直沒有開化到參悟這個辨證法。中國大陸的青年對本國社會主義制度十分厭棄和對西方資本主義制度十分憧憬，重要原因之一，是中共官方的宣傳總是把社會主義說得太優越，而把資本主義說得太腐朽。

我若是當了中共中央宣傳部長，一定反其道而行之，經常說些社會主義制度的缺點和資本主義制度的優點，說不定中國老百姓從此以後反而喜歡上社會主義起來。

還有種種其他的原因，但是我不能再分析得沒完。明報出版社的編輯叮囑我：序言「字數在三千字左右即可。」

「人之將死，其言也壯」

在戴晴寫於獄中的「交代材料」裏，〈最後的話〉一篇具有特別的分量。它是作者獲悉中共當局對「六四事件」中被抓的犯人要「殺一批」、測度本人必在「被殺」之列後寫下的。蒼涼悲抑之情、義憤不平之氣力透紙背。作者特地告知後人，「六四」流血悲劇並非從一開始就注定要發生。恰恰相反，曾經有過多次機會可以化解緊張局勢。最後流血事件變得不可避免，實乃有的人不希望避免，有些人不知道去避免。前者人數不多，但權力不小。後者人數不少，但頭腦不清。

讀到這短短的〈最後的話〉，我又一次感覺到，人到臨死的關頭對自己的所作所爲仍不悔者，每每有空谷足音。能稱得上「千古絕唱」的就有不少，如文天祥的「人生自古誰無死，留取丹心照汗青」和譚嗣同的「我自橫刀向天笑，去留肝膽兩崑崙」。二戰時期捷克革命作家伏契克（Julius Fucik）在〈絞刑架上的報告〉中的結束語「人們，我愛你們，但你們要警惕啊！」和中國革命作家瞿秋白在等候極刑時的〈多餘的話〉，也都堪稱警句和佳作。至於耶穌在去耶路撒冷的途中，告知弟子他會被捕和處決時的遺言——「人子不是來受人伺候，而是來伺候人，並且爲了救贖大衆而獻出自己的生命」，更是使得世世代代億億萬萬的蒼生洗心革面。

由此可見，古語「鳥之將死，其鳴也哀，人之將死，其言也善」不甚確切；應是「人之將死，其言也壯」。「死」乃是一道X強光束，平時由絲絲縷縷層層疊疊的世俗考慮交叉覆蓋著的那一點點屬於人的眞我的東西，這時被穿透而來的強光束照亮，甚至被灼得爆燃起來。

我讀戴晴這本書時心情最感痛惜之處，是有關一九八九春夏之交那些被激進主義衝走了政治發展之良機的片段。這種感歎在別的一些八九民運參與者的回憶中也曾聽過，只是至今（按：截至一九九四年底）沒有讀到柴玲和吾爾開希等學生領袖作過類似的反思。我年少時是紅衛兵骨幹，所寫的大字報之風格被戰友們稱爲「血淋淋的」，激進自然是吾之本色。這些年來通過在諸多國家的遊學和生活，我逐步認識到妥協乃成功的民主運動之不可或缺的要素。甚至不妨說，民主政治就是制度化的妥協過程。

實際上，有一把閱曆的成年人回顧自己的過去，不會看不出，人生就是不斷的妥協，亦即爲著得到自己想要的一些東西而不得不捨棄自己喜歡的另一些東西。你若想健康長壽，就得遠離熏、烤、煎、炸的諸般美味，過著不抽煙、不喝酒、不貪色、不嗔怒的清心寡欲生活。你若想生病時有公費醫療保險，年老了有退休金，孩子上學校付很少的學費，你就得接受一個個人所得稅率很高的制度。你若想自己的言論有很大的社會影響，就得生活在一個言論不甚自由的社會裏。因爲在一個言論充分自由的國家，你什麼都可以說，但是沒有人會注意你在說什麼。

妥協是成年的智慧，激進則是青年的專利。儘管每一輩人到了成熟的年齡都會看出年輕人的激進毛病，新一代的中國學生運動多半還是會被激進主義所牽引。因爲，雖然激進於人類整體而言是一個已經多次犯過的錯，對每一具體的青少年個人，它卻是新鮮的。

要想中國未來爭取政治進步的運動不再被激進主義推向絕路，除了統治者需要開化心態、擯棄「你死我活主義」外，民衆的心態也得更新，更新到在中國社會裏，敢於關心公共事務的不再僅限於一群涉世未深的初生牛犢，更新到年歲更長、閱曆更豐、頭腦更複雜的成年諸社會階層能夠主動肩負起爭取公益（public good）的主要責任。倘若社會運動始終由學生運動作主帥、而不是學生運動成爲普遍公民運動的一支偏師，則中國社會裏的上下政治互動，罕有走出壯懷激烈的悲劇循環之機會的。

酒篇

喝酒的社會主義初級階段

五項基本原則

我對喝酒是幾個「一樣」，你從這裏就可以看出來我跟酒的關係了。

第一，有人沒人一個樣。這意思是說，有人沒有人，我都要喝酒。中國老古話：「一人不喝酒，兩人不賭錢。」而我無論是一個人還是跟朋友相聚在一起，都要喝酒。

第二，心情好心情壞一個樣。在這一點上，我自認爲境界還要勝過許多古人。詩聖云：「自吟詩送老，相對酒開顏。」詩仙云：「抽刀斷水水更流，借酒澆愁愁更愁。」而我情緒好情緒不好，都不影響喝酒；喝酒本身自有它的獨立價值和意義。

第三，有菜沒有菜一個樣，我都要喝酒。我們家鄉有句俗語：「一粒黃豆三杯酒。」喝酒的人只要有酒，就不計較菜多菜少，菜好菜壞。一粒黃豆分兩瓣，三杯酒就下肚了。

你問：「那爲什麼是兩瓣黃豆三杯酒？三杯酒要三瓣黃豆才能送下肚呀！」

你這個問題一問，就說明你喝酒的功力太淺。會喝酒愛喝酒的人第一杯酒進咀前，是不吃菜的。那第一口酒才煞饞！喝酒的時候「菜多敗味，菜少傷胃」，就是說吃太多的菜會把酒的味道給破壞了。我們的先賢們深明此道，李太白有詩：「客到但知留一醉，盤中只有水精鹽。」

第四，天氣好天氣不好一個樣，我都要喝酒。

第五，在中國在外國一個樣，我都要喝酒。

我基本上是每天都喝酒，每天只喝一頓。而且我一年下來，喝醉酒的次數不會超過一次，所以我喝酒是能控制的。我如果哪一天不喝酒，只有兩種情況：一種情況是我生病了（所幸的是我很少生病），一種情況是我頭一天喝得多了點，喝「過」了。喝「過」了不舒服，但還沒到醉的地步。

我出國已經二十年了。二十年裏，既不是因爲生病也不是因爲頭一天喝「過」了而沒有喝酒的，記得只有一次，就是一九九七年二月，鄧小平過世。雖然我身在葡萄酒新王國澳大利亞，卻幾天沒有碰酒，心中百端交集。

你想知道爲什麼？一言難盡。不過還是可以用「一言」來簡單地概括：他兩次改變了我的一生。

第一次是一九七七至一九七八年開始恢復大學高考制度。沒有這番變故，我也不會考上名牌大學的研究生，分配到北京，進入頂級的社會科學研究部門，繼而出國留學。

第二次是一九八九年「六．四」時候。沒有老鄧的下令，不會有那場慘案，也不會有海外留學生的激烈反彈。那一場悲劇，改變了我們跟中共體制和中國政治的關係。我們一幫人，本來是在美國一拿到學位就回北京，進體制內做事的，那是原來的中共開明領導層的安排。不過話說回來，我對老鄧的總體評價還是蠻高的。他一逝世我接受西方主要媒體的採訪，就爲他蓋棺論定：「鄧小平是中國近代以來最大的改革家。」

我這番話不是隨口說的，它有根有據有分有寸。自從十九世紀上半葉西方列強一腳踢開中國的大門以來，出了不少的改革家（這裏不包括革命家）。這些一波又一波的改革家們，大體上可以分成三類。一類是有改革的思想但無改革的實施權，屬於「書生改革家」；這種人太多了，舉不勝舉。一類是有改革的意願也有一點改革的實施權，但無改革的最終決策權，屬於「傀儡改革家」，受制於慈禧太后的光緒皇帝是典型例子。鄧小平屬於第三類，既有改革的意願也有改革的最終決策權，他是事實上的最高統治者。儘管他的改革意願是不完全的、不平衡的，多集中於經濟領域，少涉及政治制度，但他以「對外開放」爲觸媒的改革政策，還是導致了中國大陸社會之結構性的深刻變化。其時間跨度迄今超過四分之一個世紀，造成了不可逆轉的趨勢。中國近代以降的改革史上，無人勝過鄧小平，所以我把他稱爲「中國近代以來最大的改革家」。因爲他在所有的改革家中，權力最大，主導大政方針的時間最長，改革措施導致的效果最大。

這麼說，並不等於宣佈鄧小平統治無大非可議。一部公正的歷史至少會記下他作爲改革家——再次強調，我不是以革命家的標準來議論他——的三大失誤：第一，他選的接班人一個接一個被他踢開；第二，他沒有使家人遠離腐敗的旋渦；第三，「八九之春」他以「兵治「學」」；這乍看起來「遊刃有餘」，實質上是傷筋錯骨。

我們再講回來，以上的那五個「一樣」，就是我跟酒的基本關係，你稱它們爲「喝酒的五項基本原則」，也不爲過。

回想起來，我喝酒經歷過兩個世界。一個是喝酒的「中華世界」，一個是喝酒的「西方世界」。兩個世界，各有喝酒的甘苦。

盛產窮人與文人

所謂我喝酒的「中華世界」，就是在我出國之前喝酒的那個世界。

我出生的地方是安徽南方，是出窮人和出文人的地方。出文人的地方就一定跟酒有關係，中國古代的文人跟酒始終有不解之緣。「明月高樓燕市酒，梅花人日草堂詩。」「千樹梨花百壺酒，與君論飲莫論詩。」每句詩每個字都散發出酒的芬芳，眞過癮！當然，以前中國的文人還跟另外一樣事情少不了因緣，可惜我們現在沒有機會見識了，就是名妓，也就是以詩書琴畫、悽楚身世、大義深情挑戰碌碌正統俗見的奇女子，像董小宛、柳如是、沈素瓊之流。

說起皖南，你剛才問到李白喝酒的故事。你看看李白的集子，有很多很多首詩都跟我們家鄉有關係，跟皖南、宣城那一帶有關係。李白喝酒最有名的詩句之一，「桃花潭水深千尺，不及汪倫送我情」。汪倫就是我們家鄉的涇縣人，與我老家屬於同一個地區，我們是鄰居。

我們那兒曾經出過一位很有名的釀酒人，叫「紀叟」。他釀的酒叫「老春」，以「酒中仙」自稱的李白，很喜歡喝這種酒。紀老爺子很講義氣，李白那時候在朝廷裏已經很不吃香了，半下崗狀態，經常領不到薪水，收入日減，但酒癮酒量不減。紀老頭也不跟他計較，常讓他掛帳喝酒。唐上元二年，也就是西元七六一年，紀叟病逝，李白很傷心，作〈哭宣城善釀紀叟〉：「紀叟黃泉裏，還應釀老春。夜台無李白，沽酒與何人？」眞是鐵哥們的一幅情懷！李白喝酒就喝死在我們那兒。中秋前夕，李白多喝了兩杯，醉眼朦朧，要擁抱江中的明月，從船上掉下去了。他的屍體被水仙馱走，只有衣冠在我們那個地方，埋葬成「衣冠塚」。

李白很多喝酒的故事都跟我們那兒有關係，這把後來的文人墨客給迷住了。白居易雖然原籍是山西太原，唐貞元十六年也就是西元八〇〇年，他卻由宣城地方官「觀察史」選拔爲「應貢進士」，上京應考。在長安及第考取第四名進士，馬上返回宣城。他眷念的就是宣城一帶的詩氣文氣酒氣靈氣。白居易後來即便在洛陽官爲太子少傅分司，也還想回到宣城，作詩〈寄贈郡齋〉：「再喜宣城章句動，飛觴遙賀敬亭山。」宋代大文士黃庭堅更是入迷：「試說宣城郡，停杯且細聽。」——說到宣城，你不能不以酒潤潤喉嚨！一九六〇年代郭沫若——他人品不好，文采跟酒量還是很好的——也曾跑到我們那兒對著李白墜江的地方發感慨，又寫詩又題字又喝酒。

所以我們家鄉跟酒的關係實在太深了。

我們家鄉有個規矩，雖然小孩子不讓喝酒，有兩種場合可以例外，小孩子可以喝。一種場合是，家裏來了客人，男孩子給客人敬一次酒，這個時侯你自己可以喝一點。像我們小時侯六七歲的時候就開始用小盞子敬酒。另一種場合是過陰曆年，拜過祖宗全家吃年飯的時候你可以喝點酒。我於是從小就跟酒結下了不解之緣。

我喝酒的「中華世界」大致經歷過兩個階段。

第一個階段是「社會主義初級階段」。在這個階段是有什麼酒就喝什麼酒，沒有酒就想喝酒。這個階段當然跟貧困有關；像當時中華人民共和國的所有其他地方一樣，我們這些正宗的人民（不包括人民公僕）能有飯吃就不錯了，哪有錢常喝酒呢！在毛澤東領導的最後十年裏，我們那兒的老百姓能夠買得到喝得上的酒，是「昏頭大麴」。這白酒不是糧食釀造的，連雜糧都輪不上。像山芋（紅薯）乾、稗子、玉米、高粱這些，在那個年代也珍貴到不准隨便用來爲普通人民群衆釀酒。「昏頭大麴」是用山上的一種野生植物的根釀造的，我們叫它「金剛刺」，尖利非常，札人幾天消腫不了。它釀出來的酒，氣味像舊時點燈的火油（煤油的一種），顏色也像，淡淡的略帶蒼白的紅色。這酒一口喝下去，不論你的酒量有多大，立時太陽穴發脹，腦殼裏面隱隱作痛，「昏頭大麴」之名由此而來。這種以野生植物金剛剛釀酒的方法，得到過當地人民政府的很高的嘉獎，因爲該項重要技術發明找到了糧食的替代品。三十多年以後，當我到朝鮮民主主義人民共和國做研究訪問的時候獲悉，他們的政府領導人也在號召老百姓如何漫山遍野尋找糧食的替代品。官方的宣傳機構並且有專門的節目，教導人民：糧食的替代品其實比糧食更有營養。只有那些政治覺悟低、思想有問題的人，才會認識不到這一點。

我記得「昏頭大麴」每斤（半公升）七角八分錢，比山乾幹酒便宜三分錢。再比這高級的酒是稗子酒，一元零一分錢一斤。比這還高級的是糧食白酒，玉米等等釀的，一元一角錢一斤。再往上數就不是宣城酒廠能高攀得了，那是淮北的濉溪大麴，高粱酒，一元二角四分錢一斤。

順便插一句，那時我們小縣城裏大部分人家每月靠三、四十元錢養活五、六口人。家裏要是有一位又喝酒又吸煙的男人，這日子就難過了。我們中學打鈴的老工友，屬於不喝不吸就不能活的類型。但要是他又喝又吸，一大家人也不能活。「文革」年代他發明了新方法解決這對矛盾：他把冬青樹的葉子烤乾了用報紙捲起來當香煙抽（他讓我們試抽過），把學校化學課做實驗的工業酒精兌水當白酒喝。沒多久腦子喝壞了，差一點兒鬧出家庭悲劇。

「昏頭大麴」是宣城老百姓日常大部分時候能在商店裏買到的散裝酒，買山芋乾酒要托人開點小後門，稗子酒屬於本地有小權小勢的人日常喝的，糧食白酒過年過節憑票供應，每戶半斤到一斤。濉溪大麴是縣裏科局一級的幹部過年過節配給的。社會主義制度把人和酒都組織得井井有條。

我雖然自少年時代起與酒便有緣分，第一次親眼見到「中國名酒」檔次的酒，卻是一九六六年底快過元旦的時候。我們紅衛兵籌備批鬥大會，要把縣委主要的幹部統統揪出來。一天晚飯後，我們衝進縣委書記老管的寢室，一進屋滿室飄香，床頭地板上放著一瓶「古井貢酒」（從明朝萬曆年間以來一直是安徽上貢的頭號名酒），桌子上有沾香的小酒盅。幾位年長的紅衛兵小將一下子把老管從床上拎起來，滿懷革命義憤地訓斥他：在偉大領袖毛主席親自發動和領導的文化大革命高潮中，你還繼續過著花天酒地、腐朽奢侈的剝削階級生活！管書記站在那兒一言不發，一幅「死豬不怕開水燙」的架式。這傢夥平時擔子極小，那當口不驚不慌不戰不慄，估計是陳年古井發揮了作用。

就在其他的紅衛兵小將嚴詞訓斥管書記的時刻，我定定地望著那瓶古井貢酒，像電影迷平生第一次見到他最崇拜的超級女明星一樣，入了神。

毀壞明代文物

那年頭我們那兒有的人爲了過把酒癮，要冒大風險。記得是一九七三年或是一九七四年的冬天，我們那兒的農民興修水利，在宛水——也就是文天祥當宣城太守時最留連忘返的「滄滄宛水陽，鬱鬱都官墳」一帶——挖淤泥清河道；這條河道自隋唐以來就是皖南的一條經濟動脈。農民挖出來一條明朝晚期的沈船，船倉裏有很多船民的工具和生活用品，多數已經破碎腐爛了。

可是有一口不大不小的陶瓷罈子，罈口封得嚴嚴實實的，沒碎沒漏，提一提，還挺沈的。興修水利第一線的領導是大隊級幹部，他向帶隊的公社幹部報告，公社幹部向縣裏報告，縣裏幹部向省裏報告，說是挖出來四五百年前的沈船了，船倉裏有東西，趕快派考古專家來！那邊一級一級地往上報告，這邊挖淤泥的農民們就圍著那口罈子動腦筋：「這裏頭會是什麼東西呢？」有人猜測是桐油，因爲我們江南水鄉的船民遠出，常常帶一罐桐油，修船時補縫用得上。有人猜測是炒菜的食用油，有人猜測是中藥湯劑，有人猜測是酒。

「酒」字一出口，周圍的人眼睛就亮了！四五百年前的酒是什麼味道呢？雖然縣裏已經傳下話來，不許動船艙裏的東西，那是國家的出土文物。可是萬曆年間的酒實在是誘惑力太大了！天寒地凍守著它，怎麼受得了！

終於有兩三個膽子大酒癮更大的農民忍不住了，說是拼著坐幾年勞改班房，也得要嘗嘗明朝的酒。不過且慢！要是那裏面的酒變質壞掉了怎麼辦？經過幾百年的汙泥浸河水泡，說不定會有毒的！——有一個年紀輕稍微上過幾年學的農民愼重其事地提出這麼個問題。

這個問題還眞是叫人頭痛：不喝吧，熬不住；喝吧，說不准中毒了丟掉一條小命。幾番思忖，一個年紀稍長四十多歲的農民大哥提議：「這拾命喝酒的事，勉強不得。想喝不怕死的，就過來喝。不過我們都是青壯勞力，養家糊口全靠我們，也不能全都喝死去。我們凡是下了狠心喝酒的，都來拈鬮。拈到「一」號的喝第一口，「二」號的喝第二口，「三」號的喝第三口。三口喝下去，抽一根香煙，沒人倒下去，風險就小了。剩下的酒就平分。」然後他馬上加上一句：「不過只能在原先報名捨命喝酒的人裏平分，不能加新人進來。」

你看我們那兒的農民有多聰明！他提議的這個「捨命喝酒」程式，又公平又勇敢又理性又周到。願意喝酒的人都要冒風險，風險也不是平攤，而是靠運氣分等級承擔。事先沒有報名的人不能等第三個喝酒先驅沒倒下去以後再入圍——傻瓜在這時候都想投機；沒門兒！那三位先驅也有一點額外的報償：他們每人多喝一口。這可不是普通的一口：天地人的精華都在裏面吶！

那天傍晚，在大隊幹部已經收工離開修水利場地以後，那幾位農民燃起了篝火，對著那罈萬曆年間的液體作了三個揖。在省裏派來的專家到達之前，他們把那罈子開了封口，把裏面的液體給喝了。據說味道有點像米酒，又有點像中藥，反正是喝得淨光，一滴沒剩。等到省裏派來的文物管理幹部專家到了，縣裏領導實在沒辦法交待，就說你們把空罈子跟喝空了罈子裏面東西的人一起帶走吧，該怎麼處理就怎麼處理。

要是那罈子酒給保留下來，考古價值會是很高的。前不久看到一則報道，一九九六年六月在遼寧錦州淩川發掘出的穴藏白酒，釀於清朝道光二十五年（西元一八四六年）。二〇〇三年七月在廣州拍賣會上每公升（二市斤）賣到六萬四千元人民幣，合七千七百四十美元。我們宣城那壇年齡高兩三倍的酒，價值就更不得了！可是竟讓我們家鄉的農民給喝得罈底朝天，唉！不過話說回來，我要是當時碰巧在那口罈子旁邊，也會忍不住的，最後也會被省裏派來的人一起帶走的。

如何表現「無比」？

講起來，我還眞有一次因爲想喝一杯酒差一點兒被抓走的事。一九七六年的夏末秋初，我們在蚌埠附近的一支炮兵部隊裏接受三個月的軍事訓練，那也是毛澤東教育革命的一部分——學生不但要學文，也要學軍。部隊裏的日子眞苦，每個月的伙食費只有八塊錢（是人民幣，不是美元）；用花和尚魯智深的話來說，嘴裏成天都「淡出鳥來」。九月底的一個星期天，我跟班上最要好的小趙——練得一身好武功，滿身板栗肉，綽號「土匪」——約好，進城裏找個地方「濕濕喉嚨潤潤腸胃」。

我倆在一家飯館的小賣部買了一瓶酒——那不是名酒，是酒精加上果子露的劣等貨色——兩盤滷豬蹄豬耳豬心肺，揀個靠牆角的小桌子坐下來。正要開瓶暢飲的時候，走過來一位四十多歲的服務員胖阿姨，用一種意味深長的眼神看著我們，右手朝小桌子上方的牆上指指。牆上一長條白布黑字的橫幅：

「無比沈痛地悼念我們的偉大領袖毛主席逝世！」

橫幅下一張公安局的布告，明令在一九七六年九月十日至十月九日的沈痛哀悼期間，停止一切娛樂活動。其中有一條專門規定：凡是在公共場所飲酒劃拳聚會者，廣大革命群衆要立即將其扭送到公安機關，實行無產階級專政。

我和小趙一聲沒吭，用廢報紙把桌上的酒肉裹起來，快步走出了飯館。

你會問，「國殤」期間不能喝酒，這樣的大事你們還能不知道？哪能不知道！天天政治學習，都是「永遠懷念毛主席，將革命進行到底！」可就是心裏頭悲痛不起來。九月十號下午我們接到通知緊急集合，「聽重要傳達。」在我們連隊的王政治指導員緩慢地唸中共中央訃告當中，我低著頭掃了一眼，近二百人的簡陋會場裏，沒幾個人顯得悲痛不堪，淌眼淚的就更少。有三四個人努力想哭出來，終究沒成功。那個時候眞哭出來證明你的「無產階級感情深厚」！毛澤東死跟周恩來去世不一樣；那一年元月九號清早廣播裏唸周恩來訃告時，我們學校的寢室裏和大操場上，一片悲泣之聲。

在文化大革命年代，怎樣表現「對偉大領袖毛主席的無比深厚感情」，可眞是一門藝術，「無比」很不好把握。要有一點個性，有自己的原創性；但這創造力又不能太澎湃，洶湧過了頭也不好。先講一個成功的例子，再講一個不成功的例子。

一九六八年冬天到一九六九年春天那段時期，我們那兒出了一位奇人，我記得好像是姓張。他是狸頭橋附近沓村公社的農民，不到二十歲，從小失去父母。東家混一口飯吃，西家討一口湯喝，半個混混兒，但還沒到潑皮的地步。腦子好像有點不太好使，特愣，想到要幹什麼非得去幹，不聽人勸。

那個年頭人人都戴毛主席像章，像章越做越大，人戴得也越來越多。你看文革中的一幅出名的照片，那位年青的解放軍戰士，軍裝前面戴了幾十枚像章，那多半是他每到一個地方作「先進典型」報告，接待單位表示對他的歡迎和表揚，就送他一枚設計不一樣的像章，他統統都給掛在軍服上了。

我們那兒的張小夥子，某天忽然發了一個奇想：宋朝大將岳飛，精忠報國，請老母把這四個字刺在背上，美名傳千古。我何不學他嚒！但他父母早已雙亡，找不到人給他背上刺字，於是他就把毛主席像章——像章背面是別針——別在胸膛的皮肉上。鮮血直淋，看著挺可怕！村子裏的人也沒把他當一回事，因爲他從小在外面晃蕩，常跟人打架，頭破血流的，回來用鍋底灰加小便拌點草藥，自敷自愈。這次村裏人也把他看作是閒得沒事幹，自討皮肉苦吃。

可這件事被上面知道了——他成天東晃西遊，披件衣服敞開前襟，讓人看見他胸膛上的大大小小毛主席像章。公社幹部派人下去把他找來，要他到四鄉八鎮去作現身說法。接著又把他推薦給縣裏，作爲「貧下中農無比熱愛毛主席」的活典型。他從此便成了「縣寶」，像國寶大熊貓一般，哪裡有重要的政治集會和慶典，都要把他接去讓大家看。他立即成了共產黨員，地區一級召開「活學活用毛主席著作」大會，他當然就是我們縣的代表；省裏召開這類大會，他便是我們縣和地區的雙重代表。有人甚至提議他當安徽省的代表，參加在北京召開的「中國共產黨第九次全國代表大會」，去見毛主席——那乃是至高無上的榮耀！可是這建議被有關領導悄悄地壓下了，據說主要是怕他上了京城說錯話。他一個大字不識，腦子也不怎麼好使，萬一惹得毛主席不高興，怪罪下來，那就完了！

我後來知道了，就在毛澤東去世的那個月，我們宣城發生過一樁「無比熱愛」熱過了頭的事。九月十一日以後全國各級政府機關都設置了「沈痛悼念毛主席」的靈堂，讓各界革命群衆前來追悼。我們那個縣城也有好幾萬人，再加上附近鎮上的，又有成千上萬的。縣革命委員會（也就是縣政府）發了通告，所有的人進靈堂必須由工作單位組織，沒有工作單位的由街道居委會組織。在靈堂裏要依次緩步慢行，集體敬禮鞠躬，不要停留太長的時間，因爲後面還有很長的隊伍。

那天中午十一點鐘左右，輪到一家地方國營針織廠的工人隊伍來吊唁。這裏面有一位性格不凡的三十多歲的婦女，不知道出於什麼想法，走到毛的遺像跟前，就不走了，開始放聲大哭。那個靈堂裏莊嚴肅穆，只有哀樂，也就是〈國際歌〉的聲音；她這一嚎哭，全場都愣了。

哭也罷了；哭了兩、三分鐘，她見周圍什麼也沒有發生，就索性往地上一癱，打起滾來。在我們那兒，這是千百年來傳承的哭喪方式，主要見於在男人去世遺孀表示傷心的場合。遺孀越是悲痛欲絕，越是表明她是賢妻。哭到在地上打滾，是表示「痛不欲生」的大動作。在這裏，打滾是外功，哭本身才是內功。感情不到位，卻滿地打滾，容易在旁人心裏引發多層次的疑問。據說宋朝年間，包黑頭——我們當地對包公這位老鄉的俗稱——審一件奇案的時候，從一位遺孀的哭聲裏聽不出有多少哀傷的眞情，卻見她滿地打滾。包黑頭細目盯著她滾罷立起身來，用手扶了扶發髻，彈了彈衣裙上的灰土，立時大喝一聲：「小賤人還不快快招來，如何下毒手害死了丈夫？」包黑頭的依據就是：痛不欲生者連自己的性命尚且不顧惜，豈能顧得上自己的髮型和衣裙？

那位針織廠女工的哭聲雖響亮異常，卻沒有多少眞實的哀慟；在地上打起滾來，卻叫當場的縣領導皺眉不已：這是追念亡夫的程式，你怎麼在這種場合下搬弄出來？但縣領導卻不敢說出來，怕對方反咬一口，扣他一頂「惡毒攻擊污蔑」的帽子。這當兒快到吃中飯的時候了，靈堂裏面又悶又熱，外面又熱又曬——九月份的皖南正是「秋老虎」頭上，氣溫常在三十七、八度，那個年頭別說空調機，連電風扇都見不著。縣領導於是發話：「黨中央號召我們化悲痛爲力量，抓革命促生產，將批鄧反擊右傾翻案風進行到底。爲了防止靈堂內外的革命群衆中暑——那樣只會叫黨內走資派鄧小平一夥開心——請把這位女同志暫時抬到旁邊悉心照料，讓外面的同志們繼續進來吊唁。」門口擔任警衛的民兵把那女工抬了下去，送進縣醫院。那位女工一進醫院看見醫生拿著大針筒過來，馬上自己翻身而起，小跑步回家了。

日後聽說她之所以在靈堂裏演出那一幕，是想表現一下，解決黨籍問題。不過好像直到她前些年下崗的時候，還不是共產黨員。

萬幸的是，在我們軍訓營地傳達毛澤東逝世的會場裏，沒有湧現出那位女工式的人物，不然我們的事兒就多了。

墳地裏的饗宴

那天我跟小趙從飯館裏溜出來，立刻上了返回軍訓營地的郊區公共汽車。不過我們沒乘到終點，半路上下了車。找到遠離公路的一處小樹林背後的墳地裏，我倆打開廢報紙，將那瓶酒和滷菜攤在地上，就著初秋華北野地的溫馨陽光，享用起來。小趙跟我是「酒精考驗」的朋友，可從來沒像這次喝得那麼暢快。我倆沒提「全國哀悼」一個字，但都心領神會。我們的心情這些天來突然減壓了好多，一絲絲朦朧的希望的水滴，從心底深處滲出來。

正當我倆又吃又喝又聊又樂的時候，忽然聽到遠處有漸來漸大的人聲。透過小樹林，看到一小隊人大約五六個，從公路那邊朝我們這片墳地走過來。

我和小趙大眼瞪小眼：這回眞是撞到槍口上了！毛澤東一去世，全國各地根據中共中央、國務院和中央軍委的通令，加強戒備，城鄉民兵組織都進入準戰備狀態，嚴防國內外的階級敵人趁機搗亂破壞。這一小隊人說不定就是民兵巡邏隊，我們兩個在這個非常時期到這個非常地點來大吃大喝又大樂，豈不是「階級鬥爭新動向」的鐵證？！抓了去輕則關你一年半載，重則判你個十年八年。在那段「國殤」的非常時期，對一切違法亂紀的行爲者，都是「從重、從嚴、從快」處罰。平時只判三五年的，能判個十五、二十年；平時只判十五年的，能被立馬拖出去斃了。那一陣子大街小巷貼著不少打上紅叉叉成串槍斃人的公告。在這個千鈞一髮的關頭，我們自幼看過不知道多少部的革命傳統教育影片──「共產黨地下組織與國民黨軍警和日本鬼子英勇機智作鬥爭」──起到立竿見影的效用。我們三下五去二，把杯盤狼藉吃剩下的東西用廢報紙一蓋。我讓小趙脫下外衣，墊在報紙上面，然後平躺下去。我坐在他身旁，照料他。

那一小隊人走過來，領頭的看樣子像個農村幹部，滿臉莊嚴肅穆，問我們在這兒幹嗎？

我說我們是城裏工廠的，廠裏派我們到前面的那個國營農場幫忙看看農機設備。這位同事鬧肚子痛，休息一會兒再走。

領頭的幹部模樣的人看看我們身邊，沒有什麼其他的東西，小趙躺在地上，一臉很難受的樣子（他後來告訴我，是下面的空酒瓶肉骨頭杠著他脊梁背不舒服），說了聲「不要在這兒待得太晚，早點趕路」，就走了。

等到這一小隊人一離開，我跟小趙立刻在墳地裏挖了個淺坑，把空酒瓶肉骨頭埋好，坐公共汽車趕回營地。

那是我平生喝過的最危險的一瓶酒。

洗鍋水檔次的「西方文化」

我還記得我第一次喝啤酒的情景。我們家鄉的一個下放女知識青年，上海來的，嫁給了我們宣城中學的一個校友。我們的這個校友第一次從我們家鄉到上海去看丈人丈母娘，回家鄉時帶回來幾瓶稀罕東西——啤酒。那時候是屬於「毛主席領導下的社會主義新中國欣欣向榮、蒸蒸日上」的年代，啤酒是憑戶口簿定量供應的，那個啤酒的牌子好像叫「東海啤酒」。那種啤酒就是給今天的農民他也不會喝的，它的味道簡直就是隔夜洗鍋水，還缺了其中的鍋巴香味。但在這之前我從來沒有喝過啤酒，只在書中讀到西方人怎麼把啤酒當茶飲，當液體麵包喝，神乎其神。那時候喝啤酒，對於我這個從未見過世面的土小子來說，就是喝「西方文化」，因爲啤酒是西方文化的象徵。這個啤酒就是再難喝，我都會帶著想像帶著詩意帶著感情把它喝下去。那大概是一九七二年吧，那是第一次喝啤酒。那時侯有什麼酒就喝什麼酒，沒有酒就想喝酒，關於酒的想像力還特別充沛，從來不枯竭。

我第一次到北京工作的時候，那年頭「燕京啤酒」跟現在的水平沒辦法比，現在他們是鳥槍換炮了！那時侯北京有地位、有身份的人，喝的是北京「五星」牌啤酒；老外也是喝這個。而我們這些沒身份沒地位的剛剛大學畢業分配到北京工作的人，喝的就是燕京啤酒。那時侯燕京啤酒的味道就跟上海的「東海啤酒」一樣，味道像隔夜的洗鍋水，聽說是鄉鎮企業剛起家時生產的。不過就是這樣，你還不容易買到。那時候喝啤酒你得要拿空啤酒瓶去換，拿空瓶去換酒，帶上你的戶口薄。我在床鋪下面——我沒有地方住，就長年住在辦公室裏——小心翼翼地收藏著空的啤酒瓶，有的是用「糖票」和「香煙票」之類的配給證跟同事中的女孩子們換來的。這些空啤酒瓶決定著三伏天裏，我能幸福地享受多少瓶劣質的啤酒。

拿空酒瓶去換啤酒，自從我離開中華人民共和國以後只見到過一次，就是一九九〇年春天我在羅馬尼亞。那時候羅馬尼亞政治上雖然變天了，民生上還是比較嚴重的計劃經濟。我們因爲做研究，開車路過一個中等城市，叫提米索拉（Timisoara）——這裏在一九八九年十二月中旬發生過一次數千居民被安全部隊屠殺的事件，揭開了大獨裁者西奥塞斯古（Ceausescu）垮臺的序幕——看到一家商店門前排隊排到幾百人，那麼多大人小孩手裏拿著空酒瓶，眼巴巴地排著大隊，我馬上就明白是怎麼回事。果然不錯，他們還是享受著社會主義計劃經濟的優越性殘餘：你有幾個啤酒瓶，就換回來幾瓶啤酒，當然要付錢，還要用酒票。

一直到我出國的時候，我都是有什麼酒就喝什麼酒，沒有酒就想喝酒。這是第一階段，眞正的社會主義初級階段。

喝酒的資本主義初級階段

一出國，我就在國外待了將近十年，一九九三年夏天才第一次回國。這次就不再是有什麼酒就喝什麼酒、沒有酒就想喝酒的階段了，已經到了可以挑酒喝的階段了。一九九三年的中國消費品市場已經很開放了，差不多啥都能買到，只要你有錢。不過，一旦上升到了挑酒喝的階段，這裏面就有學問了。

兩個「初級階段」不一樣

一九九三年下半年我回到中國，見到什麼東西都是滿腔深情，那塊土地畢竟跟客居的美國不一樣。到處都可以看到有形的物質上的進步，不過有一點讓我感到很難過，就是酒難喝，到處的白酒都難喝。

我出國之前在普通商店裏的櫃檯上是見不到瓶裝酒的；等我回國時，無論是大城市還是中小城市還是鄉村集鎮，那些「中國名酒」琳琅滿目，但一喝就感覺味道不對了。我想這下完了！我想像我在出國之前喝過的名酒，在美國的時候從唐人街買回去喝的那些茅臺酒、瀘州老窖、五糧液，它們都是原來的那些茅臺酒、瀘州老窖、五糧液。但一回到中國境內喝它們就感覺到味道不是一回事了。這就教育我，中國現在很多酒都是假的。

不過，假茅臺酒我平生第一次見到倒不是在「中華人民共和國」，而是在「中華民國在臺灣」。一九八九年底耶誕節期間，《聯合報》臺北站的科技記者陪我去新竹拜訪清華大學校長沈君山博士。沈先生盛情地、眞誠地從文件櫃深處掏出一瓶酒，愼重其事地雙手置放在茶几中央，說：「今天請你喝茅臺！」

我一看，酒瓶外面的那個盒子是用我從來沒見過的淺灰色馬糞紙做成的，字跡以及說明的式樣和語氣也都是初次相識，裏面的酒瓶也不是白瓷的。我勸沈先生：「咱們還是犯不著冒險喝這種來路不明的茅臺，別喝出事來！」沈先生說那種茅臺酒的眞假搞不清，來路倒是挺明白的——海上漁船私下交易的商品，因爲那時候臺灣禁止與中國大陸有正式貿易。

以後才發現，遍及中國大江南北的所謂的「假酒」至少也得分兩種。一種是別的廠家造的假酒，地地道道的假貨，還有一種是酒廠自己給自己造的劣酒，也就是不按照傳統方法精心釀造的次質酒，或者是與別的地方的酒廠聯營釀造的酒，但都打著一樣的品牌，商標是一模一樣的，看不出任何區別。等到全國各地跑多了，又發現有不同等級不同風格不同殺傷力的假酒和次酒，這是一九九三年夏季以後才慢慢發現的。

這裏我得告訴你，中國白酒的釀造傳統最講究的是水土和酒麴，所謂「七分水土三分麴」。換了一個地方，水不同，土不同（酒窖就是土），就是用同樣的原料，同樣的技術釀出來的酒味道就是不一樣。天大的本事都不行！這個釀酒的關鍵，在二十世紀八十年代中期以前的中國大陸，也是信守的。周恩來酷愛茅臺酒，當年交待有關方面的負責人，選取貴州省遵義一帶與茅臺鎮自然生態條件相似的地點，釀造醬香型的酒（茅臺酒是醬香型白酒之首），並且特別叮囑茅臺酒廠要全力支援，不得在技術上留一手。周恩來高瞻遠慮，知道茅臺酒只會越來越供不應求。

周恩來的指令，酒廠哪敢不照辦？經過多方協助——其中還包括國防科技工業系統的專家——和多年試製，終於釀造出來上等的醬香型白酒，如果讓大部分的酒徒品嘗，是喝不出與茅臺酒有什麼分別的。可是這種酒當年就不掛「茅臺酒」的招牌，連親戚關係都不攀，起的名字是「珍酒」，意思是「珍品」，由酷愛茅臺酒的儒將張愛萍題名。

一九九三年夏季回國後，我到處有機會喝「中國名酒」，可喝著喝著感覺不對了，就著急，因爲很多地方有人喝一些假酒喝傷人喝死人都有呢。

我感到，中華人民共和國在喝酒上，是一步從社會主義的初級階段，跨進了資本主義的初級階段。喝酒的社會主義初級階段的基本特色是：貨眞價實，長期匱乏，按「級」分配。不論是名酒還是普通酒乃至最次等的酒，都以眞面目示人，不打誑語。價格令人口服心服：最高檔的名酒茅臺是八元六角一瓶，古井貢酒是四元八角一瓶，比「昏頭大麴」貴不了幾倍。但是絕大部分的酒都處於長期匱乏的狀態，你想買也買不到。買不到，也沒人造假酒。嚴格地講起來，好酒不是賣的，是按照「級別」分配下來的。我們那兒的行政十四級的縣委書記——行政十三級是一條重要的分界線，自它起往上是「高級幹部」待遇——過年能分配到一瓶古井貢酒。十二級的縣委書記——這是罕見的，因爲我們縣老是搞不好，終於鬧到上面派來一位大員——過年，能分配到一瓶茅臺。「文革」中有一陣子許世友爲了避武鬥，把小孩從南京送到我們那兒，小孩告訴旁邊的人，他爸每天都喝茅臺。他爸是大軍區司令，上將。我的一個好朋友吳胖，娶了一位少將副司令的閨女，家裏一大堆名酒。二〇〇二年春節，我還喝到了他們家剩下的二兩瀘州老窖——那是一九七八年出廠的。

與喝酒的社會主義初級階段不同，喝酒的資本主義初級階段的基本特色是：產品豐富，假貨橫行，錢官兼顧。產品豐富到什麼牌子的酒都有，其中以假貨爲主。眞的名酒不再僅僅走按行政級別分配一條道路，雖然這條渠道還有力地運轉。你只要有大把的錢且懂行，就能買到頂級的好酒。今天的釀酒廠既尊重權，也尊重錢，兩不得罪。

我眞正期盼的，是中國儘快進入喝酒的資本主義中級階段：什麼酒用錢都買得到，買到的都是眞酒。那些製造假酒的，他們受到比他們的肚子裏喝進假酒還要可怕的多的懲罰。

搶救工程

一九九三年夏秋之交的我越來越痛苦（那時候我每天都被邀請喝白酒，老朋友們以此彌補闊別十年的深情）：還是以前生產的那些中國名牌白酒是眞正的好酒，而且價錢很便宜——以前的啤酒像洗鍋水，但以前的白酒好喝。今天中國產的啤酒是越來越接近一般的國際水平了，但今天中國產的白酒卻是越來越離開傳統的釀造方法了。一樣近了，一樣遠了。於是，一九九三年夏天以後我就幹了一件事。

我發現我們家鄉那些賣酒的店鋪，如果這家商店開張過幾年了，裏面還能偶爾買到一九八〇年代中期或晚期出廠的酒。這些酒爲什麼會在那兒放著呢?因爲我們家鄉人們的收入不高、生活水平不高，所以本地人即使買那些有點名氣的瓶裝酒，都不會自己喝的，他捨不得喝，都是爲了送人，不管是送親戚朋友還是爲了拉關係送當官的。

所以酒瓶外面那個包裝的盒子很重要，我們家鄉每年春季夏季，有幾個月非常潮濕、悶熱，只要當年那個酒賣不掉的話，到了第二年那個酒盒子就發黴發軟，商標也模糊了，看上去就不好看了。一旦酒盒子出現這個樣子，這個酒就永遠也賣不掉了，除非你不計血本大減價。我發現就是這個酒好喝，因爲這個酒已經放了好多年了。你要知道中國造假劣白酒，是什麼時候開始盛行的呢?是一九九〇年代初。那時侯中國的通貨膨脹很厲害，達到百分之二十左右，所以很多假酒劣酒就在那個時候開始流行了。

我發現那些包裝越舊越破的酒越好喝，我馬上想到：要趕快「搶救」這批酒。它們是出土文物，早一天搶救，就少一分損失。

於是我就雇了一輛三輪車，我問登車的師傅，能不能雇他一個上午或者一個下午?他說行吶，多少錢呢?我們講好，一上午或一下午十塊錢，他覺得一上午一下午這樣跟著我走，也不太累，十塊錢也不錯了。於是我就坐著他的三輪車一個店鋪一個店鋪地找酒。如果那個店鋪太小太新，就不會有這些舊酒；要找那些店鋪比較大的，尤其是那些原來屬於國營的糖業煙酒公司系統的部門，以前外地來的比較好一點貴一點的酒都進了這個渠道。

我一家一家地找。一進去我就問：「你們這兒有沒有以前進貨的、現在還賣不掉的酒？有沒有商標包裝破破爛爛的酒？」店主馬上說：「啊啊，我們有有有！你等著，我進去看看。」他聽我是本地口音，鄉音不改，但他見我的樣子就認不出來了，因爲我離開家鄉時間太久了。他就納悶：這個人爲什麼來問這個事情？我說這個酒我想買。「哎呀，你買這個酒眞眞是做好事了！我們國營部門進的這些酒，入了帳以後，賣不掉，又不能銷帳。」

他說他們自己也不願意喝這種比較貴的酒。所謂比較貴，那時侯像一瓶瀘州老窖特麴也得要三十四或三十八塊錢，一瓶茅臺酒一百八十塊錢，一瓶五糧液一百二三十塊錢，那是不得了的價錢了，這對當地人來說就是很貴很貴的酒了。所以他們既自己喝不起，也賣不出去，國營部門又不能銷帳。我說這個酒能不能賣給我啊？他說：「哎呀，你要買，我拱手作揖，千恩萬謝！」

賣給我可以，價錢怎麼說呢？我說：「你這個酒包裝都搞成這個樣子了，你總不能按現在市場上新的標價賣吧？」他說：「你曉得，我們國營部門沒有權力把那個酒的價錢降下來，我們只能夠——這樣子好了，我們進帳的時候，本子上怎麼寫的就按那個原價錢賣給你。」實際上，這時候新出來的酒的價錢已經翻了兩三番了。比如像茅臺酒已經到了三、四百塊錢一瓶，他按進帳時一百八十塊一瓶賣給我。

就這樣，我雇了輛三輪車——我前前後後雇過好幾輛，因爲那是個不小的工程——把那裏大街小巷基本上都跑遍了，結果弄來幾十箱一九八〇年代出的舊酒。牌子最多的是「瀘州老窖」和「全興大麴」。爲什麼呢？因爲像五糧液、茅臺在我們家鄉實在是太貴了，很少有人去買，商店進貨就少，所以我當時也沒有搜到很多，眞是遺憾！「全興大麴」就是現在的「水井坊」酒廠出的，在成都郊區。前些年他們在酒廠地底下發現了幾百年前一個完整的白酒作坊，就改名了，現在是中國大陸最貴的白酒之一，四、五百塊錢一瓶。像瀘州老窖、全興大麴都是屬於中國一九六〇年代、「文革」以前評出的全國八大名酒和地方優質酒，還有西鳳酒、汾酒。除此之外，還有安酒、懷酒、沱牌麴酒、鴨溪窖酒、珍酒，等等，都是以前很出名的地方名酒，多數十幾塊錢一瓶，貴的也不過二、三十塊錢。

搜羅回來以後——因爲這些酒瓶本身的包裝、封口都不太好——我花了好幾天的工夫，用買來的包裝材料，一瓶瓶一箱箱給封起來，用紙箱子捆綁結實。每年家鄉六、七月份發大水，這些出土文物就成了最優先搬遷的寶貝。

自打有了那次在家鄉的經驗以後，我每到一個小地方——因爲大地方的人們收入比較高，這種酒進貨以後不久就早已經賣完了，所以只有到小地方才能遇到這種酒——我就找這種舊酒。而且我有鑒別能力，這種能力書本上沒有，是自己的心得體會，眞正是自己的智慧產權。我知道哪些是好酒、眞酒，即使包裝破了，商標不全，也知道大概是哪一年出的。我每年回到老家的時候，都會到一些近旁的縣城或集鎮去找這種酒。這種酒我總共大概找回來三十多箱，各種各樣的牌子，我都一一捆好。

在我們家鄉之外，我唯一有所收穫的一次，是在吉林延吉市，二〇〇二年的八月份。我們剛從俄羅斯的遠東地區考察回來，在那裏開懷品嘗了幾十種當地產的俄國啤酒，比中國啤酒品質高一個數量級，價錢還很便宜。臨離開延吉的前一天下午，我信步逛後街老巷，走進一間巨大的土特產市場。場地右邊有兩個攤位，堆滿了酒。一問，是當地「國營糖業煙酒公司」的下崗職工。單位要倒閉了，發不出工資，就把倉庫裏賣不出去的存貨分給他們。絕大部分的酒都是華北一帶地方小酒廠出的，最老的是一九九〇年代初期的，我挑了其中較有來歷的六瓶。兩瓶最好的，是四川省自貢出產的「貢酒」，一九九二年二月二十九日裝瓶出廠。二〇〇三年九月中旬我開了一瓶招待臺灣的朋友，一位酒齡不下四十年、酒量不下八兩的酒兄供認：這是他有生以來喝過的最好的白酒。

在我搜羅來的舊酒中，還包括一小部分中國改革開放後最早進口來的洋酒——有些小地方的商店，爲了表明身份，也搞點洋酒放在那裏。但本地人喝洋酒喝不慣的，而且洋酒價錢太貴，本地人也不認得，所以洋酒放在那裏也放了好多年了。所以，我買的那些洋酒，現在打開一看，有的是二十多年前的。這些洋酒也變成「出土文物」了！

前兩年我從老家到北京去的時候，帶了一瓶一九八四年十月二十四日出廠的瀘州老窖（編號是：〇二四一九六九，空瓶子還在我的書架上），一打開，哇！那陣醇香簡直不得了！跟現在從市面上買來的酒根本就不是一回事，我的北京老朋友簡直喝傻了眼。你想想看，以前那些酒都是按照幾百年承接下來的久經考驗的傳統辦法釀造的，然後都要再窖藏個一年兩年三年，像茅臺要窖藏三年才能裝瓶出廠。裝了瓶以後又放在那裏十幾年了，你看這個酒多好喝！提起來我口水就直滴。

這些舊酒，我每次回老家，都會打開兩瓶，請好朋友來嘗一點點，不能讓你喝過癮，只能嘗幾口。在我們家鄉，老同學老朋友們都知道，我跟這個人的關係怎麼樣，就看我拿什麼樣的酒：拿出來的酒瓶子越難看，越是沒有商標，他在我心目中的地位就越高，因爲這個酒的年份越老。

這些酒，我算了一下，假如我平均每兩年回家鄉一次，每次開個四、五瓶的話，我可以一直喝到我一百幾十歲，也就是二十一世紀下半葉。

現在，那些酒我都珍藏起來了，都打上了封條，自己親手寫的封條。當然，我常常很想念那些酒。那些酒的又土氣又破舊的商標，各種各樣的都有，常常在我的腦子裏閃來閃去，親切地向我眨著眼。我想念它們，它們也想念我。

我當初買那些舊酒的時候，店裏的人都懵，說這個人有毛病啊！他一進門就問：有沒有賣不掉的酒啊？他說你賣得掉的酒我不買，好賣的酒我不買，我專門買你賣不掉的酒，麻煩你一個一個倉庫去看看。

就在二〇〇一年春節，我回老家的時候，還找到一家店。市面上一些比較大的鋪子我都已經收光了。這家店在什麼地方呢？在我小時侯看電影的電影院旁邊，那裏又破又舊，旁邊都是要倒塌的老房子。我忽然看到，這家煙酒店我小時侯就在那兒了，現在還在那個地方。我一進去，憑著直覺就知道這家店裏肯定有貨。

我問那個五十多歲的店主小老頭，你這個地方有沒有以前進的、賣不掉的酒？他說有，然後就去找。在小庫房裏、在櫃檯下的角落裏，翻來翻去。那些紙箱子都已經爛得不能看了，他還從裏面找出來二、三十瓶。他感動得不得了，說你真是好人，我這是小本經營，這個店我已經承包好多年了，當年進的這些酒賣不掉就賣不掉了，老是在那個地方，我又是個不喝酒的人。這下好了，你全買去。快過年了，你幫了我一把，我給你拜個早年。

這些酒對我來說都是寶貝啊！有山西的老汾酒、河南的寶豐酒，還有像早年出來的被輕工業部評爲「優質名酒」的杜康酒，最早出來的孔府家酒——後來的孔府家酒就不那麼好喝了，但第一批的孔府家酒眞好喝；像我們安徽第二有名的（第一有名的是古井貢）「口子酒」——那時候眞是所謂「口子開壇十里香」，那都是明淸一代就出名的好酒啊。

那個店主小老頭高興得不得了，其實我比他更高興。

家鄉的朋友告訴我，有些店裏的人很懷疑我的身份是什麼，懷疑我是私營造酒廠的老闆，想把這些舊酒收購回去再「勾兌」，勾兌以後再高價賣出來，認爲我很有商業頭腦，會賺錢。當然，我很有頭腦，我把這些酒都「勾兌」到自己肚子裏去了。

我做的這件大事人們起先不知道，後來就傳出去了，現在家鄉的人都知道那個帶輛三輪車專門找賣不掉的酒的人是誰了。

上面講的是我喝酒的「中華世界」。

洋酒和洋相

我出國以後，喝酒的世界就變得更廣闊了。我在中國的時候只知道很有限的幾種洋酒，而且後來知道那多半還是中國自己仿造的不地道的洋酒，比如說中文標簽上印的「俄得克」，俄文也就是Vodka。這種白酒，可以稱之爲外國的「二鍋頭」，最高的有六十多度，低的也有四十來度，很厲害。全世界出的 Vodka 中，就數俄羅斯的最正宗，是他們的國酒。不過波蘭人和瑞典人多半不同意，說他們國家出的才是最地道的。

Vodka 的原來意思就是「水」（Water，發音上聽得出來）。我有一次問丹麥的一位朋友——他們那兒也出產很精緻的 Vodka——你們爲什麼把這麼重要這麼厲害的烈酒叫做「水」呢？他一本正經地回答：「世界上還有比水更重要的液體嗎？Vodka 對俄國人，就是生命之水！」一句話就開了我的竅。俄國士兵受了傷，同伴們做的第一件事情，就是邊給他包紮，邊給他喝幾口 Vodka，一條命就給救過來了。

我出國以後在喝酒上走的漫長道路，曲曲折折，當然跟收入很有關係。我出國的時候，中國人還很窮，不像今天很多人都有美元存款。我登上飛機飛向紐約的時候，口袋裏只有六百美元，那還是經過很高級的上層領導批准、暫借公家的，以後要還，立了字據的。我現在還留著複印件，不過美元後來是還了。那六百美元我先花了一半在美國安家，剩下的一半小心謹慎地藏起來，結果忘了藏在什麼地方。過了八、九個月才在一雙出國前夕老母親親手做的布鞋裏驚奇地發現。

我到美國的第一站是匹茲堡大學，總共在那裏待了十多個月，時不時地就想喝酒。當時我的英語不怎麼好，口語能力很差，對於洋酒的品種又不瞭解。一進到匹茲堡的酒店就傻了眼，好幾百種酒！（一進了這酒店我就知道資本主義一時兩時滅亡不了。）我只會講很簡單的幾句英語；英語很有限，兜裏的錢更有限，怎麼辦呢？那我就先從啤酒喝起來。

喝啤酒，就從最便宜的啤酒喝起，根本不敢挑像樣的，專挑那種包裝又簡單、瓶子又醜又小氣的品種。不過，就是最便宜的美國啤酒，我喝起來感覺也還可以，很淡的味道，但沒有隔夜洗鍋水的那種餿味。所以有一次我跟一位美國同學調侃：「我們中國最便宜的啤酒比你們美國最便宜的啤酒更有味道。」這位挺愛國的美國人很不服氣地問：「你們中國造啤酒的技術比美國的更高級？」我告訴他：「你們最便宜的啤酒沒味道，我們最便宜的啤酒有糟糕的味道。」

有一次我去參加周末的 party。按美國社會的規矩，去學生 party 總要帶點東西，最普通的就是兩種，一種是酒，一種是冰淇淋。這個 party 是誰來開呢？是教我們外國學生英語的美國研究生，兩位很年輕、漂亮的女士，讀教育學的，我們等於是她們的學生。我現在還記得她們的芳名，一位是 Betty，另一位是 Eliza。她們對我們這些來自非英語國家的老外，非常友好。

在這種場合下，我覺得不能帶平時自己喝的那種最便宜的啤酒去，那太丟人了，那不是咱們這號人能幹得出來的事！一定要買比較高級一點的啤酒。那就去找吧！我忽然看到，許許多多的瓶裝啤酒旁邊，有一種黑黑的啤酒，酒瓶上面寫著：ROOTBEER。Root是「根」的意思，「根啤酒」，我馬上就把它翻譯成「最正宗的最古老的最有傳統的啤酒」。「根」嘛，意思就是「本原」、「來源」、「初始」，這還有什麼疑問！我一下買了六瓶，雄赳赳氣昂昂地去赴party。結果我一到場，她們就笑開了，說這不是啤酒，不是我們所講的那種正常的、普通的啤酒。

這「根啤酒」是怎麼回事呢？這讓我第一次感到啤酒文化上的差異。「根啤酒」其實是一種飲料，是那種開車的人，有時想喝一點，喝起來口感跟啤酒有點像，但不含任何酒精，完全不是啤酒。誰喝它呢？除了主要是開車的人，還有是年紀很大的人，還有就是年齡不足十六歲的小孩和體質不能喝酒的人，他們不是屬於喝酒一族。我帶這個根啤酒去赴周末聚會，當然是鬧了國際笑話。美國大學生的周末聚會，是痛快地喝、痛快地吹牛、痛快地玩的場合。這樣的場合你提著「根啤酒」去，倒好像是上大山打豺狼，你提著桿玩具槍。還有比這個更窩囊的嗎？

以後我就知道了，「根啤酒」是植物的根榨出來的液汁，有點氣泡泡。

我在「根啤酒」上摔了一個大跟頭，在洋妞老師面前出了洋相，不過這並沒有阻擋我的進步。我愛酒，對酒付出的注意力很高，始終如一。隨著我在美國的經濟收入來源的改善，邁上小康的臺階，酒就喝得越來越好了。我常對自己說：「你在國內的時候，有人疼你。現在到了外國，沒人疼你了，你得自己心疼自己，別虧待了自己。」在匹茲堡的後幾個月裏，那我就不得了了，喝酒的水平一個星期升一個檔次，與時俱進。我離開匹茲堡到波士頓去的時候，專門舉行了一次啤酒瓶展覽，與夥伴小湯合辦的。前面講過，我剛到美國去的時候，對於啤酒瓶子上商標的五顏六色，印象特別深刻，因爲那時候我們全中國大陸加起來也只有那麼三、五種啤酒，標籤也不講什麼個性風格。

所以我在匹茲堡的時候，每喝一種啤酒，都把啤酒瓶子留下來。我離開匹茲堡的時候，把這些啤酒瓶在桌子上堆成一個巨大的金字塔，我照了好幾張照片，現在還在；我還把啤酒商標編輯成冊，後來丟掉了。

啤酒瓶沒辦法帶著去波士頓，太重，又容易碎。我離開匹茲堡的時候，緊密鄰居兼飲用廉價啤酒的戰友王小波——就是後來出了名的作家，得過《聯合報》副刊文學獎，英年早逝，眞可惜！——剛花了八百美元買了一輛二十世紀七十年代初期出產的大福特轎車，三排座，威風凜凜，跟國家元首的座車差不多，就是看上去破舊一點兒。他說他一定要親自開車送我到長途客車站，我說不用了，我還是親自坐計程車去吧。他說：「你是怕我剛學車，技術不牢靠，出事故傷了你這個還沒有入學報到的哈佛新生。不用擔心，我這車一上路，別的車都會讓道，誰撞我誰倒楣。」這話沒誇張，他那大福特前頭又長又尖又結實，像輛裝甲車。不過，王小波拒絕把我的啤酒瓶捎上，說那會壓垮他的輪胎。我的收藏品於是就全給留下了。

我到了波士頓到了哈佛大學，就不一樣了，那兒是美國知識份子「臭老九」們集中的地方，酒的種類更多，本人有機會體驗到的洋酒的種類就更多了。波士頓被稱爲「美國的雅典」，文化和教育的重鎮。哪裡文人多，哪裡酒就多，走遍天下都一個樣。

「求知識於環宇」

日本明治維新著名的「五誓」中有一條：「求知識於環宇」。這正是我對喝酒的態度。我說過，我喝酒經歷過一個「中華世界」，一個「西方世界」。在「中華世界」裏，我喝酒經歷過兩個階段。在第一階段，是有什麼酒就喝什麼酒，沒有酒就想喝酒；到了第二階段，是喝市場上基本上買不到的酒——所謂「出土文物式」的舊酒。在「西方世界」裏，我喝酒經歷過三個階段。剛到美國去的時候，我因爲錢少，有關洋酒的知識一樣地少，喝的只是普通啤酒，算是洋酒的入門階段。到了第二階段，我喝的是威士忌，偶爾也喝點白蘭地、杜松子酒、藍姆酒等烈性酒，但大多數是屬於大路貨的牌子，這是所謂的「小康階段」。到了第三階段，我就進入喝葡萄酒的高度。葡萄酒相對講起來很貴；在西方社會，葡萄酒一直是上流社會的奢侈品，最近這十幾年才漸漸在中產階級裏普及起來，勞工階層就跟葡萄酒親近不起來。一旦進到喝葡萄酒的階段，其他的酒就看不上眼了。這就像是你下棋，下到圍棋階段，其他的棋就索然無味了。

我在澳大利亞工作的三年，是兼帶考察葡萄酒的三年。我居住的是國立澳大利亞大學所在地坎培拉，首都。哇，坎培拉那裏呢，天氣涼涼的，全年乾乾的，大部分品種的葡萄都不適合在那裏種植，算不上是葡萄酒產區。不過，當地也出產少數幾種產量很低、風格獨特的葡萄酒，是「寒冷型」。再加上葡萄酒已經成爲澳大利亞最重要的支柱產業之一，所以他們政府在這方面肯花很多的錢做科研。坎培拉有全世界排得上名次的葡萄酒的研究所，有些研究人員也是自己對酒入了迷，差不多把自己的儲蓄都投資到葡萄酒上面去了。有的人還發了財，因爲喝葡萄酒的人越來越多，市場越來越大，每年幾百億美元的利潤。

我在坎培拉的時候，差不多每個星期五下午都會有「花園研討會」——同事們研究生們聚在學校的大花園裏喝酒品酒聊天。剛從香港到澳大利亞的時候，我雖然有點錢了，但對葡萄酒的瞭解還是很少的。我很好學，每天都品嘗酒，儘量地找機會，差不多每次都不喝一樣的酒。當然這也給我造成很多錢上的損失。你知道，大部分人一般都是只喝最對他胃口的那幾種酒，這樣價格和品位都比較合適。而我喝葡萄酒不僅僅是爲了建設「物質文明」，更是爲了建設「精神文明」，所以爲了學習，我每天都爭取喝不同的酒。結果呢，我雖然損失了很多的錢，交了很高的學費，但是也學到了很多的知識。

你要想知道我怎麼認眞學習，給你提供一個事實吧！我到澳大利亞的第二年，就開始有計劃、有組織、有系統、有預見地買葡萄酒存起來。我算了一下，假如我在澳洲還要待兩年，平均每天自己喝一瓶，過年過節多加一瓶，來了朋友再多開兩瓶，我就應該在家裏存放一千瓶左右的葡萄酒。澳大利亞的葡萄酒業可以稱得上是家大業大，七百多萬平方公里的廣闊大地上，重點葡萄園區域就有七、八處。歷年出產的比較受好評的酒，林林總總的少說也有幾萬種。自己掏錢選一千瓶能夠「管中窺豹」的有點代表性的酒，可不是那麼輕而易舉！我每到一間酒鋪，都會畢恭畢敬，向有一把年紀的酒商請教，在十澳元左右一瓶的紅葡萄酒裏，哪些是首選？十五澳元左右的呢？二十澳元左右的呢？一直到五十澳元左右一瓶的。再往上去就比較容易挑選了，因爲越昂貴的，得過的獎越多，名氣越大，品種也不那麼多。最難選的是價格中檔的，就是二十到三十澳元一瓶的。

這一千瓶左右的葡萄酒，就是我的「家庭作業」。每喝一瓶之前，都要想想它的風格和年齡，是不是配合這一天的氣候和菜？喝過以後，也要反思一下，它的價格是不是合適？在這樣的價格檔次上，它的品質算是偏高還是偏低？除了那些久經考驗的配酒的西洋食品，哪幾種中國菜也會跟它很相配？爲什麼？喝了吃了，不動腦筋，是白吃白喝，也就是「白癡」吃喝。

我說我喝葡萄酒不只是搞「物質文明」，也是在搞「精神文明」，沒瞎說吧？

有「酒情」的人喝酒，應該是又喝酒，又喝文化，不能只是朝下灌有刺激性的液體。我們看到一些有錢人喝珍品葡萄酒，就像喝可口可樂一樣，感到很痛心，誠如法國人所言：「亞洲佬，你是在喝我們的眼淚呀！」

我在澳大利亞國立大學有一位厚道的同事，是美國人，研究國際關係的，叫Peter。他幾次感歎地對我說：你做社會科學研究，眞是白白浪費了你的才幹！你要是給澳洲葡萄酒大公司作代表，到亞洲去介紹葡萄酒文化，那才是好鋼用在刀刃上。你中文好，又能用英語侃酒，把葡萄酒的方方面面，放進文化傳統中演繹鋪陳。你的這些經驗都是親身摸索出來的，不是照抄書本，有個性有特色。你又嘴饞好吃，知道中國菜和西方酒怎麼匹配。你就辭掉研究所的工作吧，過過「葡萄酒大使」的瀟灑日子！

Peter的話，又誠懇又實在，眞叫我動過好幾次心。

等到我在澳大利亞工作的第三年的時候，每個星期五下午的「花園研討會」選酒的任務，洋人同事們就推薦我去做了，對我非常地信賴。當然，我感到很自豪。作爲一個中國人，我對於洋酒、對於葡萄酒的瞭解，能在兩、三年裏達到他們洋人認可的那個水平，我確實感到很驕傲，蒼天不負有心人吶！

「選酒」是什麼意思呢？首先，「花園研討會」上每個人喝酒都是自己掏錢，不像在中國，有社會主義制度的優越性，公家報銷。再加上其中有一部分酒友是研究生，所以你要考慮到選的酒不能太貴，在價錢適當的情況下，你要挑出最合適酒友們口味的酒。因爲全世界的氣候和傳統不一樣，來自各地的酒友的口味也就不同。像日本來的研究生就不太願意喝紅葡萄酒，而喜歡喝白葡萄酒，日本人的口味很淡。有些白葡萄酒也有偏甜膩的，他們也不太中意。而從歐洲來的有些同事和研究生們，對酒味厚實沈雄的南澳洲紅葡萄酒，也稍感承受不住，就像有的人喝不動釅茶。

這個時候你選的酒，通常是還沒有經過各種各樣的「葡萄酒評獎委員會」評過獎，它們的價格往往就不是很高。一旦經過很著名的「葡萄酒評獎委員會」評過獎以後，得了獎了，市場上馬上就知道這個酒是好葡萄酒，價錢就會抬得很高。買那些還沒有經過評獎的葡萄酒，就有點像在地攤上挑古董的味道，看你的眼力如何，還有運氣。

歪打正著的酒

人類喝酒的歷史長得不得了！我看到的舊資料說，世界上最早的酒是在古埃及發明的，已經有五千多年歷史了；後來又有新的發現，說酒是七千年至九千年以前的事。我有一個好朋友，是人類學家，猶太人，教一門「食物、酒與人類文明」的課程。他時不時地給我郵來酒方面的專業考古資料。古埃及生產大麥，同時也造啤酒。後來，埃及有的金字塔打開一看，裏面有很多製造啤酒的啤酒罐。現在我們在北京上海成都喝「紮啤」；「紮」就是英文的Jar，也就是「敞口大肚子的容器」的意思。埃及金字塔裏出土的就是土陶器Jar，很大。我推想那時候的啤酒被發明出來，也是出於偶然的原因。大概是麥收後，沒有來得及及時地處理，然後碰上天下雨，淋濕了。埃及的天氣又很熱，發酵以後，味道很奇怪，但是人喝了以後感覺很舒服，幾分醉意，於是啤酒就歪打正著地「出世」了。

我的推想能在別的文明裏找到印證。比如在非洲，有一種獨特的大象樹，非常高，結果實，一到成熟季節的時候，果實熟透了就掉到地下，有一點腐爛發酵，大象跑過來吃，吃多了以後，暈暈乎乎走不動了，就躺在樹旁甜蜜地睡大覺。當地的老百姓很好奇，也試著嘗嘗那種熟透了發酵的象樹果子，果然很有些微微醉陶陶然的效果。現在用科技方法釀造的「象果酒」，非常好喝，酒精含量大約是十七度左右，極富有維生素。幾年前我帶一瓶到昆明開會，朋友們都說很好喝，叮囑我每次去開會都要帶。雲南省南部靠近熱帶氣候區，我想說不定能夠移植象果樹，釀酒，當地經濟又能找到一個新的增長點。

還有加拿大產的「冰葡萄酒」，Ice Wine。加拿大氣候冷，出產的冰葡萄酒跟普通葡萄酒不一樣。像普通葡萄就等它成熟的時候把它摘下來，然後用它來釀酒。但是，加拿大的冰葡萄酒是到了應該收摘的時候，人們不去摘它，要讓它在葡萄園等著，等到嚴重的霜降下來，把它凍一下，再讓它的水份在冷氣候裏揮發走一大部分，然後再用它來釀冰葡萄酒。絕大部分的葡萄產地釀酒專家就不這麼做，因爲這麼做的話，會把葡萄搞壞掉的。而且這麼一冷凍一風乾，葡萄的出酒量也會大大減少。

我猜想加拿大人造冰葡萄酒也是歪打正著，「無心插柳柳成蔭」的效應，像當年因爲犯錯發現了怎麼製造「青黴素」一樣。大概是到了某個應該收摘葡萄的時候沒有來得及收摘，霜降來得太早，一下子就把沒有來得及收摘的葡萄給嚴重地打擊了。這些葡萄一經霜凍之後，變得很乾，然後用這種葡萄釀造出的葡萄酒，有了特殊的風味。賣得很貴，因爲產量很低，成本很高，大概二、三百塊錢一小瓶，都是用很細的瓶子裝的，比花露水瓶大上一碼。

我到了澳大利亞以後才發現，那裏有一種更稀罕的葡萄酒，不再是「冰葡萄酒」，而是「病葡萄酒」。這是怎麼回事呢？就是葡萄發生了病蟲害，尤其是病害。在以前，生了病的葡萄樹都給砍掉了，後來也是一個偶然的機會，發現生了病的葡萄有一種怪怪的味道，用它來釀造的葡萄酒有特殊的風味。這個道理就跟我們吃水果一樣，如果水果被蟲子咬了一個洞，種樹的果農會說，這個果子好吃，因爲最好的果子蟲蟲才會去咬它。小孩子嘗過以後，一下子就會相信這眞有道理。

這種生過病的葡萄釀出來的葡萄酒，風味非常稀罕。你要知道，人們不能預測在哪兒會出現有這種病的葡萄啊，而且每年的葡萄得的「病」都不一樣，味道也會不一樣，一「病」一味嘛！所以，這種葡萄酒可以說是「鬼斧神工」啊，簡直就不是人間的東西，所謂「天工造物」大概也就是這樣子了。

但是，這種葡萄酒就弄得非常非常昂貴了，因爲這種病蟲害的葡萄不可以計劃，人們不知道怎麼去仿造。我在澳大利亞的第二年喝到了這種葡萄酒，當然不可以經常喝，只是偶爾品嘗一小杯；杯子很小，就像眼科醫生用的眼藥水杯那麼大。

如何邁向喝酒的「資本主義中級階段」？

我說過，在喝酒上中國要儘快由資本主義的初級階段向資本主義的中級階段過渡，不然天下所有愛喝必喝中國產白酒的人都會受害。中國那些最好的白酒，也就是在我出國之前碰上好運氣才能偶爾喝到的一些名酒，像茅臺、五糧液、瀘州老窖、古井貢等等，都是嚴格地按照數百年傳統的辦法釀造，並且一定要保證足夠的窖藏年份才出廠的酒。這種蒸餾酒先要存窖，變成「陳酒」，味道才好，喝了才爽脆，不傷身，能養人。

我感到悲哀的是，這些年來回國後看到的卻是每年酒瓶子搞得越來越漂亮，禮品盒子越來越講究，價錢越來越高昂，但酒的味道卻越來越差勁。有些海外華人酒友喝了直納悶：爲什麼這些「名酒」那麼難喝？所謂「名」酒，是不是「有名的難喝的酒」的意思？顯然，現在的很多造酒廠家沒有嚴格地按照傳統的方法釀造，沒有按照傳統的方法窖藏，把咱們老祖宗幾百年的看家本領給「淡化」了，酒於是就不好喝了。我喝現在的白酒，越喝味道眞的越是不對，越喝心裏就越傷感。

像前幾年我跟一幫海外華人圍棋手到貴州去，在省政府招待會上喝到的茅臺酒，就與自己在貴陽市里買來的茅臺喝著大不一樣。看到一些小村子裏都是聲稱出廠茅臺鎭酒或茅臺型酒，心裏直打鼓。有很多地方都是在搞名酒生產聯營，市場大，好酒供不應求，利潤高，什麼招都使出來了，市場競爭的規則又欠缺。

中國傳統上釀白酒最講究的是三樣東西：水、糧食和酒麴，還有酒窖，這些都依賴於水土。不同的地方，水質、土質不一樣，出來的酒就沒辦法一樣。這跟生產機器不同；造機器，你隨便在哪裡設個廠，只要有設備，有技工，原來的廠家給你圖紙和技術，你就可以生產同樣型號的機器。但是酒是個半自然的東西，不是純粹的工業產品，它跟水土自然條件關係密切。甚至可以說，酒是一半天然一半藝術的產品。

中國的造酒傳統和歐洲的造酒傳統，兩者大不一樣。中國的傳統體現在黃酒和白酒上，歐洲的傳統至少體現在啤酒、葡萄酒、威士忌類烈性酒和由葡萄酒蒸餾而成的白蘭地類烈性酒上。應該說，從酒的種類來看，歐洲的酒要遠遠比中國的酒豐富得多，因爲它是由好多不同的民族構成。而且歐洲造酒的業主很多都是家族企業，世代相傳，沒有像中國那樣在近代有那麼多次翻天覆地的革命和運動，把傳統的延續性給打斷了，打斷以後就不一樣了。

舉例來說，像我們安徽符離集的燒雞，早年爲什麼那麼有名？因爲那個地方有幾口大鍋，滷雞的那個湯，每天滷了以後，再加佐料、加水，火是從來不熄的。在做滷雞的時候，火生得大一些；夜晚不做的時候，就用木碳灰把火給蓋起來，讓它保溫。那幾口大鍋裏的滷湯，是從清朝一直延續過來的，幾百年了，可惜在「文革」初期把它們給砸掉了。自此以後，符離集的燒雞就不再像早年那麼好吃了。你想想看，幾百年不熄火添料加水的滷湯，那裏面有多少天地精華？我敢說，你再怎麼用化學方法分析，也分析不出來裏面的全部成分，仿造不了的！所以，這種事情就經不起翻天覆地的大變動，一變動就中斷了傳統，再續接起來就不容易了。

在歐洲，像法國，有一些酒莊，講究得不得了，都是先前王公貴族遺留下來的。法國演藝界的大牌名星賺了大錢，不去作別的投資，就把錢投到古老的酒莊上，又能保值升值，又有品位格調！在中國的白酒傳統中，也很講究酒窖。有一支傳統是，酒窖越老越好，瀘州老窖就屬於這一支；窖越是古老，出來的酒就越是醇香。還有一支傳統是，酒窖越新越好。我記不清楚是董酒還是汾酒，就是每年都要鏟土，把酒窖裏的表面上一層土鏟去，露出新土。這當然都跟當地的水土特質有關。

中國的紹興黃酒是中國最古老的酒，幾千年來一脈相承。日本人引進以後，改進釀造技術，酒就更純粹了，成了「清酒」。中國的黃酒沒有嚴格意義上的「乾」（dry）型，就是把糖分去掉，酒的口感變得清冽脆爽。日本清酒就分爲「乾」、「半乾」等四類。這種酒，越「乾」就越能在國際市場上賣出高價錢，就像西方的白葡萄酒一樣。日本清酒的國際化和高品味，是它們的老祖宗中國黃酒無法比的，重要原因之一是它的釀造「東體西用」，吸收了西方白葡萄酒的靈感。

一個國家要想自己的酒傳統不衰敗，必須有嚴格的對於產品聲譽的保障。像法國、澳大利亞這些葡萄酒大國，人家對名酒的那個牌子珍惜得不得了！那是多少年多少代精心呵護下形成的無形資產。同樣是那個酒廠，同樣是那個地方產的葡萄，同樣是那個師傅釀造的酒，如果哪一年造出來的酒，即使用盡了一切釀酒師覺得都是最好的東西，但由於某些偶然的因素，那個酒還到不了那麼好的水準的話，他就不打那個牌子。他就打第二等、第三等的牌子去賣，價錢要便宜得多。但是，爲了保持聲譽，他就是不打原來的那個最好的牌子，寧可損失第一等牌子的高利潤。在日本，有幾種屬於「純米大吟釀」檔次的上等清酒，大部分時候是供不應求。清酒是越新鮮越好，你要想飲上這幾種上等清酒，就得提前預訂，排隊等候。儘管一瓶難得，釀酒廠家就是嚴守傳統技藝，不粗製濫造，隨便增加產量。這種「高瞻遠慮」的做法，眞是與咱們這些年來在中國境內司空見慣的短期商業行爲天差地別！前不久我在網上看到一條英文新聞，說的是原山東「秦池大麴」公司的老總或是投資者，他的事跡和反省成了一家美國商學院有關中國商業課程的典型案例教材。那一年「秦池大麴」中了北京中央電視臺廣告的大標，成了「標王」，名聲大震。一時銷路飛升，酒廠供不應求，於是到處收購白酒，不問品質如何，裝進秦池大麴的瓶子就賣出去。沒過不久，就把自己的牌子給砸了。

這方面有個成功的反例。美國釀造的啤酒，絕大多數是大批量生產，所以我很不愛喝美國啤酒，常把它們戲稱作「industrial water」，就是「工業水」。但是，美國有一種啤酒，在歐洲的聲譽不錯，是波士頓出產的，叫 Samuel Adams，在歐洲有市場，這跟它有一次的失誤很有關係。

那次啤酒從美國運過去，到德國去賣，到達銷售地點時，因爲運輸、天氣等因素的影響，耽擱了一些日子，啤酒並沒有壞。當然，大部分品種的啤酒是越新鮮越好喝。這種情況，如果在中國境內的話，啤酒耽擱個一年半載也可能沒有什麼，因爲啤酒並沒有壞，只是耽擱了、口感不好了而已。但 Samuel Adams 的老闆不同，他從美國飛到德國，把報紙、電視臺等媒體的記者們請去，說：「我來向你們道歉，啤酒晚來了幾個星期。我們知道歐洲人，尤其是德國人，對喝啤酒非常講究，我要讓你們看看我們是怎麼處理這批啤酒的。」

他弄來幾個大木盆，把那麼多啤酒統統倒到木盆裏，喊一些小孩跳進去洗「啤酒大澡」。他自己也跳進去，穿著西裝和皮鞋洗。就是說，他寧可把啤酒全部浪費掉，也不把晚到幾個星期完全還能喝的啤酒賣給大家。德國人一看這個美國啤酒廠眞是嚴格，講究品牌聲譽，於是一下子它就把形象打出去了。由於這個廠對於啤酒的品質控制一直像歐洲酒廠那麼講究，就在歐洲——啤酒強手最集中的戰場——站穩了腳跟。其實，迄今爲止，很少有美國啤酒在歐洲市場能賣得出去的。

釀酒的「舊世界」歐洲大陸和英國，特別是釀酒的「新世界」澳大利亞、北美洲、南美洲（主要是智利、阿根廷）、紐西蘭、南非，再加上中國的東鄰日本，在造酒這門藝術兼產業的領域裏，能夠提供很豐富很深刻的經驗，值得中國的釀酒人參照反省和學習。澳洲現在有些釀酒大師的技藝，已經是世界上的絕活水平。法國經常以重金聘請他們中的幾位，到法國著名的葡萄酒莊作技術顧問。但是，他們又不能老待在法國，因爲澳洲才是他們打天下的基地。他們被舊世界和新世界兩邊的事業都牽掛著，經常飛來飛去，所以在世界釀酒業中博得了「The Flying Masters」的稱號，意思就是「飛來飛去的大師」。可惜直到今天，亞洲好像還沒有哪一個國家慧眼識人，請這些大師去指教指教。亞洲現在造葡萄酒的地方也不少了，可惜基本上都是「鄉下的龍燈鄉下玩」，玩不出去，賣不到外部的葡萄酒世界去的。

酒行業的四項基本原則

要縮短由喝酒的「資本主義初級階段」向「資本主義中級階段」過渡的時間，除了上面提到的例子，還可以總結出幾條道道來。

第一條是要珍惜傳統。一個民族的釀酒傳統，是這個民族的文明遺產的一個組成部分，不能糟蹋了。西方世界主要產酒國家大都有「酒博物館」，裏面陳列的是世代釀酒飲酒的物質文明見證。有名的釀酒師被當作了國家級藝術家、活的「國寶」，他們的技藝被人整理成《酒經》，是行業裏的「寶書」。那家釀酒廠當然會想盡一切辦法，把這位釀酒大師的技藝承繼下來（屬於商業秘密的當然不公開）。政府會撥出專款，來搜集、整理、研究釀酒大師們的經驗和教誨，讓他們的技藝系統化。

第二條是要以科學研究來爲釀酒技藝注入新的生命。尊重老傳統，不隨便「淡化」它，更不能輕易拋棄它，除非有成熟的科學研究的發現和發明，確確實實證明有更好的方法；在這樣的前提下，才能謹慎地改進老方法中的次佳部分。像澳大利亞這樣以葡萄酒爲支柱產業之一的國家，國家一級有專門的葡萄酒研究所，大企業還有自己的研究室。比如對葡萄酒瓶的那個塞子，都花了很多年的時間去研究，究竟是原來那種軟木塞好，還是人工合成的塞子好？

第三條是要把《消費者權益保護法》細化到酒產品上，規定任何酒類商品，窖藏的年份必須照標準印在瓶上；其出產地必須標明，易地生產的名牌酒不能僞裝成原地生產的。因爲酒的「本土性」實在是太關鍵了！以前的中國釀酒業對這一點把關是很嚴的，如前面所講的，早年完全按照茅臺酒的方法在另一處地點釀造的「珍酒」，儘管品質上乘，一般人喝不出彼此，也沒有打「茅臺酒」或任何與茅臺酒攀親戚的招牌。瞭解「珍酒」來歷和品質的飲者，都尊稱它爲「易地茅臺」。

第四條是建立評酒大會的有形場所。全國最重要的評酒會，要有成套的法律細則護航。對僞造獎牌、不實授獎、以錢買獎等等花招，要像打擊假藥劣藥、金融詐騙、盜版光碟一樣地去懲罰。我在中國境內看到那麼多的酒，瓶子上都貼著「國際金獎」的標籤，字跡模糊不清，印鑑難以辯讀，一看就知道是僞造的。如果不是僞造的話，即使是全世界十年內的酒類金獎全送到中國來，也不會有那麼多！中國眞是「國際金獎酒」多似蒼蠅！這種現象十多年了，越演越醜惡，也沒有任何執法機構去管。

隨著民衆對健康的關注和生活習慣的變化，烈性酒在中國和華人世界的消費量只會持續下降，這符合全球酒市場的總趨勢。但是，無論怎麼樣，總會有一部分人愛飲中國傳統型白酒；而且還有一部分場合必須要有中國白酒襯托氣氛。我們因此要把白酒當作電腦時代的「書法藝術」一樣地去珍惜，使它不要失了古典的風味。

「被遺忘的角落」

其實，在廣漠的中國大陸，仍然有少部分地區，保存著原色原味的傳統悠久的白酒。它們的偉大的優勢，就在於不被外部世界所知道；它們的淒涼的處境，也在於不被外部世界所珍視。這些年來，我在大江南北、長城內外、彩雲之鄉、夷狄故土做學術研究期間，都特別撥出一部分時間和精力，考察當地的釀酒傳統。有些考察成果目前還不能公佈於世，不過這裏我至少可以給諸位講兩個實例。

二〇〇〇年初春，我在雲南省與東南亞接壤地區作歐亞大通道之社會文化影響的研究，驅車穿過衆多少數民族居住的地方。每到一個大寨子小城鎮休息吃飯，都會受到當地人純樸到令你喝不了兜著走的招待；有的寨子門口站著兩個少年，一人斟一碗酒放在你的車頭上，不喝下肚不開車。那一帶差不多每個大寨子小城鎮，都有自己釀造的白酒，原料各別，風格多樣。一路喝下來，我的評價是：這些酒「群星燦爛，沒有一顆月亮。」我對陪同的雲南朋友建議道：假若在這一群無名地方小酒中選取兩、三種相對來說最好的，採衆家之長，精心培育，則十數年之後，雲南必有精品風行於世。

說者有心，聽者留意。來自西雙版納的小周，兩星期後帶我去拜望一位七十多歲的傣族老大爺，他的家族世代爲傣王釀酒，他本人算是最後的傳人，因爲他的兒子們都進城裏做事了。老人住在一座小山坡上的野林裏，終年以傳統的明火烤穀子釀造烈酒。他的小茅屋周圍，彌漫著一片爽朗清脆的穀子燒酒的芳香。老人招待我們的，就是他一年前釀的燒酒，喝到嘴裏，立時滿腔奔放。老人的顧客，就是周圍幾十裏地傣族寨子的鄉親們，每家每戶提著大瓶小罐來裝。我臨走的時候，得老人恩准，從他床頭的酒缸裏，裝了四斤（二公升）已經存放了近兩年的穀子酒。回到昆明後，我把酒封在一隻原先盛純燕麥威士忌的大瓶裏，因爲這種瓶子不透光不漏氣。存放了三年，二〇〇三年八月底我們去泰國、老撾、緬甸金三角地區考查途中，在沿著湄公河蜿蜒而下的船上開瓶品嘗，其醇厚健實的酒體，已經不是上等的韓國和日本燒酒所能匹敵的了。

我的另外一次酒傳統考查，是二〇〇三年春末夏初在重慶。大重慶市所轄的崇山峻嶺中，有一座古鎮，距離市中心有兩、三個小時的汽車路程。吃午飯的時候我們到達古鎮，沿著明清石板道在鎮裏漫步，一間間的小飯館裏都擠滿了山民，吃著豆腐花，推著麻將，喝著白酒。我好奇地走進一家飯館，一位中年山民指指碗裏：「這個酒好，別的地方喝不到的，只在本地有。」我找到了那家酒舖，老闆端詳了我兩眼，沒讓我嘗店門口大玻璃罐裏的酒，卻讓家人帶我走進狹長過道裏面的後屋。後屋的廚房裏，陰暗的樓梯下，兩口酒缸，每口盛得下三、四百斤酒。我提起沈重的封口布袋，盛了小半碗，朝嘴唇上一靠，立刻覺得甘冽的酒液自動竄進口腔，隨即七竅通暢，遍體舒展。這高粱酒大約有五十多度，抿在嘴裏，卻好像是飲雪山下的清泉。我站在那兒，就著野核桃仁，喝了兩小碗，當即懇切奉勸開車帶我找酒的重慶文化工作者：這酒只要窖藏四、五年後上市，中華大地上，在純高粱酒家族裏，要想找到跟它打個平手的，怕不大容易。所以請千萬保護好那家小酒廠——廠裏的師傅，廠外的水土，不要讓任何破壞性的力量碰他們和它們。

早年上海出過一部電影，片名《被愛情遺忘的角落》。電影看到一大半，你就能體會到：被愛情遺忘的角落裏，有眞情。我這幾年走下來，更體會到：被商潮遺忘的角落裏，有美酒。

不多餘的話

沒有我以上所講的那些道道——它們是制度性的保障——有著上千年歷史的中國白酒傳統，用不著幾代人的時間，就會給糟蹋得所剩無幾，慘不忍睹。不過，到了那個時候，我已經去了另外一個世界了。只是我的微不足道的靈魂，會跟隨在歷代酒仙酒聖如李太白等大師的巨影之後，悲愴地、激忿地詛咒那些毀我中華「酒統」的人，永不寬恕。

文化叢刊

液體的回憶：水、淚、血、酒中的三次革命回憶錄

2004年5月初版　　定價：新臺幣250元

著者　丁學良
發行人　林載爵

出版者　聯經出版事業股份有限公司
台北市忠孝東路四段555號
台北發行所地址：台北縣汐止市大同路一段367號
電話：(02)26418661
台北忠孝門市地址：台北市忠孝東路四段561號1-2樓
電話：(02)27683708
台北新生門市地址：台北市新生南路三段94號
電話：(02)23620308
台中門市地址：台中市健行路321號
台中分公司電話：(04)22312023
高雄辦事處地址：高雄市成功一路363號B1
電話：(07)2412802
郵政劃撥帳戶第0100559-3號
郵撥電話：26418662
印刷者　世和印製企業有限公司

責任編輯　莊惠薰
校對　張怡菁
封面設計　而立設計

行政院新聞局出版事業登記證局版臺業字第0130號

本書如有缺頁，破損，倒裝請寄回發行所更換。
ISBN 957-08-2712-2（平裝）
聯經網址 http://www.linkingbooks.com.tw
信箱 e-mail:linking@udngroup.com

國家圖書館出版品預行編目資料

液體的回憶：水、淚、血、酒中的三次
革命回憶錄／丁學良著．--初版．．
--臺北市：聯經，2004年（民93）
232面；14.8×21公分．（文化叢刊）

ISBN 957-08-2712-2(平裝)

1.社會發展-中國大陸

540.9208 93007965